봄날의책 세계시인선

POEMS by Elizabeth Bishop
Copyright © 2011 by the Alice H. Methfessel Trust.
Publisher's Note and compilation copyright © 2011 by Farrar, Straus and Giroux.
Published by arrangement with Farrar, Straus and Giroux, New York.
All rights reserved.

This Korean edition was published by Spring Day's Book in 2025
by arrangement with Farrar, Straus and Giroux through KCC (Korea Copyright
Center Inc.), Seoul.

이 책은 (주)한국저작권센터(KCC)를 통한 저작권자와의 독점계약으로
봄날의책에서 출간되었습니다. 저작권법에 의해 한국 내에서 보호를 받는
저작물이므로 무단 전재와 복제를 금합니다.

우리는 내륙으로 질주한다

엘리자베스 비숍 지음　이주혜 옮김

봄날의책 세계시인선

봄날의책

일러두기
* 한 편의 시가 다음 면으로 이어질 때 연이 나뉘면 여섯 번째 행에서, 연이 나뉘지 않으면 첫 번째 행에서 시작한다.
* 본문의 각주는 대부분 옮긴이의 첨언이다. 원주는 따로 표시했다.
* 원문에서 이탤릭체로 강조한 곳은 드러냄표로, 대문자로 강조한 곳은 밑줄로 표시했다.

차례

출간에 부치는 글 11

『시 전집』(1969)

『북과 남』(1946)

지도 17
상상의 빙산 19
카사비앙카 21
공기가 차가울수록 22
웰플리트를 걸으며 23
슈맹 드 페르 25
샬럿의 신사 27
크고 나쁜 그림 29
시골에서 도시까지 31
사람-나방 33
사랑은 누워서 잔다 36
아침 식사의 기적 40
잡초 43
불신자 46
기념비 48
파리, 오전 7시 52
오를레앙 강변로 54
천장에서 잠들기 56

선 채로 잠들기 57
겨울 서커스 59
플로리다 61
헤로니모의 집 63
수탉들 65
바다 풍경 73
작은 연습 75
물고기 77
늦은 방송 80
쿠치 81
유색인 가수를 위한 노래 82
조웅 88

『어느 차가운 봄』(1955)

어느 차가운 봄 93
2000점 이상의 삽화와 주석 모음 96
만 99
여름의 꿈 101
생선 창고에서 103
케이프브레턴 107
의회도서관에서 바라본 국회의사당의 전경 110
불면증 112
탕아 113
파우스티나 혹은 바위장미 115
배릭 스트리트 120
시 네 편 122
N.Y.로 보내는 편지 126
언쟁 128
미스 메리앤 무어에게 보내는 초대장 130
샴푸 133

『여행의 질문들』(1965)

　　브라질
상투스에 도착　139
브라질, 1502년 1월 1일　142
여행의 질문들　145
무단 점유자의 아이들　148
마누에우지뉴　150
뇌우　156
우기의 노래　157
아르마딜로　160
강사람　163
십이일절 아침: 당신 뜻대로　170
바빌론의 도둑　172

　　기타 지역
예절　187
세스티나　189
노바스코샤의 첫 죽음　192
주유소　195
일요일, 새벽 4시　198
도요새　200
트롤로프의 일기에서　202
세인트 엘리자베스 병원에 가다　204

시집에 묶이지 않은 새 작업 (1969)

우기: 아열대 211
쥐의 교수형 216
어떤 꿈을 그들은 잊었다 220
노래 221
유숙객 222
트루베 225
빵집에 가다 227
창문 아래서: 오루프레투 230

『지리 III』(1976)

대기실에서 239
영국으로 돌아온 크루소 244
밤의 도시 252
큰사슴 254
12시 뉴스 264
시 268
한 가지 기술 271
3월의 끝 273
사물과 유령들 276
다섯 층 위 279

시집에 묶이지 않은 새 시들(1978-1979)

산타렝　283
노스헤이번　287
분홍 개　289
소네트　292

시집에 묶이지 않은 시들(1933-1969)

홍수　295
당신과의 대화　297
성모 찬가　299
눈을 위한 세 편의 소네트　303
세 번의 밸런타인　306
질책　311
산　312
재치　314
모자 바꿔 쓰기　315
북풍—키웨스트　317
감사 편지　319

부록: 미출간 친필 원고 시들　321
옮긴이의 말　419

출간에 부치는 글

이 시집은 시인의 탄생 100주년을 기념해 출간된 것으로
1933년부터 1979년 사망 때까지 쓴 모든 시가 포함되어 있다.*
여기에는 시인이 그동안 시집에 수록해 출간한 시들과
정기간행물과 앤솔러지에 발표한 뒤 시집에는 묶지 않은
작품들까지 담겨 있다. 『시 전집』(1969)과 『지리 III』
(1976) 출간 당시 시인이 선별한 시들과 배치를 따랐지만,
사후 시집에 묶이지 못하고 남겨진 후기 시 네 편을 함께
실었다. 또 시인이 두 시집에 수록하지 않기로 결정한 시들은
따로 모아 뒤쪽에 실었다.

 젊은 시인 시절 비숍은 메리앤 무어를 방문했다가 영감을
받고 "시간이 아무리 오래 걸리더라도 최고의 작품을
완성했다는 생각이 들 때까지는 어떤 시도 출판하려는 노력을
절대 기울이지 않을 것, 혹은 아예 출판하지 않을 것"을
다짐했다. 시인이 남긴 아카이브** 중 많은 시가 완성 직전의
상태로 남아 있는데, 이는 당시 시인의 결심이 얼마나
강력했는지 보여준다.

 사후 출간된 시들이 입증하듯 비숍은 "최고의 작품을
완성했다"라고 느끼지 못했거나 "다른 이유로 완성이나 출간을
하지 않았지만" 의문의 여지 없이 문학적으로 흥미로운

* 1933년을 출발점으로 삼은 것은 비숍이 직접 선별한 『시 전집』
 (1969)에서 가장 초기작이 발표된 시점이기 때문이다.
** 출판되지 않은 친필 원고와 번역 시, 출판된 시의 출간 전 초고, 다른
 이들의 시, 직접 쓰거나 번역한 노래 가사(블루스, 발라드), 공책 등이
 포함되어 있다.

작품들을 많이 남겼다. 이 책 부록에는 독자들이 비숍의 작업 방식을 엿볼 수 있도록 친필 원고 묶음을 수록했다.

THE COMPLETE POEMS
(1969)

시
전
집

북과 남

North & South (1946)

지도

땅은 물속에 누워 있다. 초록빛으로 그늘진 채.
그늘일까, 얕은 물일까, 가장자리에
초록부터 순청까지 잡초를 늘어뜨린
해초 절벽의 길쭉한 선이 보인다.
혹시 땅은 바다를 들어 올리겠다고 몸을 아래로 숙여
제 주변이 흔들리지 않게 단단히 끌어당기고 있는 걸까?
고운 갈색 모래 언덕을 따라
땅은 저 아래부터 바다를 영차영차 잡아끌고 있나?

뉴펀들랜드의 그림자는 평평하고 잠잠하다.
래브라도의 노란색은 달빛 받은 에스키모가
기름칠했나 보다. 유리판 아래 있는 이 아름다운 만들을
어루만질 수도 있다. 그러면 만들이 활짝 피어나거나
보이지 않는 물고기들에게 투명한 어항이 생길 것만 같다.
바닷가 마을의 이름들은 바다를 향해 내달리고
도시 이름들은 이웃 산맥을 넘나든다.
—여기서 인쇄공은 감정이 명분을 초과했을 때처럼
흥분을 겪었을 테다.
반도들은 옷감의 보드라움을 만져보는 여자들처럼
엄지와 검지 사이로 물을 붙잡고 있다.

지도로 그린 물은 땅보다 더 잠잠하게
제 물결의 형태를 땅에게 빌려준다.
토끼 같은 노르웨이는 흥분한 채 남쪽으로 내달리며
양옆으로 바다를, 땅이 어디에 있는지를 살핀다.
각국의 색깔은 할당되었을까, 직접 고를 수 있었을까?
—제 특징에 잘 맞는 색이나 원래 물색이 가장 좋다.
지도 제작에 선호란 없다. 북쪽도 서쪽만큼 가까우니.
지도 제작자의 색깔이 역사가들의 색보다 더 섬세하다.

상상의 빙산

배보다 빙산이 낫지.
그게 여행의 끝을 의미할지라도.
빙산이 구름 바위처럼 꿈쩍없이 서서
온 바다가 움직이는 대리석 같아질지라도.
배보다 빙산이 낫지.
이 숨 쉬는 눈의 평원을 소유하는 편이 나아.
비록 물 위에 눈이 녹지 않고 눕듯이
배 돛이 바다 위에 누울지라도.
오 근엄하게 떠 있는 들판이여,
너는 아는가, 빙산이 너와 함께 잠들었다가
깨어나면 너의 눈밭에서 유유히 풀을 뜯는다는 것을?

어느 선원이 눈길을 줄 만한 장면이야.
배는 못 본 척하고 말이지. 빙산이 솟구쳤다가
다시 가라앉으면, 그 유리 산봉우리가
하늘의 황도를 고쳐 그리지.
무대에 선 그가
꾸밈없이 표현하는 장면이야. 무대를 가리는 막은
눈과 공기를 꼬아 만든
가장 섬세한 줄로도 들어 올릴 만큼 가볍지.
이 하얀 봉우리의 재치는
태양과 견줄 만한데. 빙산은 제 무게를 견디고
움직이는 무대에 올라 우뚝 서서 응시하지.

이 빙산은 안에서부터 제 단면을 깎아.
무덤에서 나온 보석처럼
영원히 자신을 지키며 오직 자신을
꾸미는데, 그래서 눈이 바다에 누워
우리를 그토록 놀라게 하는지도 모르지.
안녕, 우리는 말해, 안녕히, 배는 방향을 틀어
파도가 다른 파도에 굴복하고
구름이 더 따뜻한 하늘을 가로지르는 곳으로 향해.
빙산이 영혼에게 이르니
(둘 다 보이지 않는 성분으로 스스로를 만들었지)
우릴 보시오, 육체가 있고, 아름다우며, 쪼갤 수 없게
    우뚝 선 존재로 보란 말이오.

카사비앙카*

사랑은 불타는 갑판 위에 서서
"소년은 불타는 갑판 위에 서 있었다"라는
시를 암송하려고 애쓰는 소년. 사랑은
    가엾은 배가 화염에 휩싸인 채 침몰하는 동안
    더듬더듬 웅변하며 서 있는 아들.

사랑은 완고한 소년, 배,
심지어 헤엄치는 선원들,
여전히, 교실 교탁을 더 좋아하거나
    갑판에 머무를 구실을 좋아할
    선원들. 그리고 사랑은 불타는 소년.

---

* 1798년 나일 해전(나폴레옹의 이집트 원정 당시 영국 함대가 프랑스 함대를 크게 이긴 해상 전투) 당시 프랑스의 거대 군함 로리앙호에 불이 붙었을 때 함장의 아들이었던 어린 소년 카사비앙카가 아버지 곁을 지키겠다고 끝까지 배에 남아 함선과 함께 폭발한 이야기를 모티브로 한다. 소년 카사비앙카의 이야기는 1826년 영국의 여성 시인 펠리시아 히먼스가 처음 「카사비앙카」라는 시로 발표했는데, 시의 첫 구절은 "소년은 불타는 갑판 위에 서 있었다"로 시작한다.

공기가 차가울수록

우린 그녀의 완벽한 조준에 감탄할 수밖에 없지,
겨울 공기를 노리는 이 여자 사냥꾼.
그녀의 냉정한 무기는 앞을 볼 필요도 없어,
그러지 않아도 사냥감이 확실한 곳이라면
어디든 정확하게 발사하니까.
우리 중 누구도 그렇게는 못 할 거야.

백묵 같은 새들이나 배들이 가만히 서서
우발의 가능성을 줄여주고,
공기의 회랑은 같은 간격으로 표시되지,
좁은 회랑은 곧 그녀의 시선.
그 눈의 과녁 한가운데가
그녀의 목표이자 의지.

주머니 속 시간은 정지한 일 초 동안
큰 소리로 째깍대지. 그녀는
시간도 상황도 참고하지 않아. 그저 결과를 위해
대기에 의존할 뿐.
(이 시계는 나중에 나뭇잎과 구름으로 만든
톱니바퀴와 차임벨이 되어 떨어진다.)

웰플리트를 걸으며

아시리아 전쟁 중
전차 하나가 처음으로 빛을 보았다,
바퀴 주위로 날카로운 칼날을 달고서.

아시리아에서 온 그 전차는
전사들을 뒤쫓아
무심하게 굴러갔다.

바다에 나온 천 명의 전사들은
그런 전쟁이라곤 짐작조차 못 했을 터,
바다 자체도 상상만 했을 뿐

아직 실행에 옮기지 않은 전쟁이었으니.
오늘 아침 반짝임을 보니
바다는 "칼로 가득한 상자"*로구나.

이토록 촘촘히 누워 햇살을 붙잡고,
정강이를 겨누는 바큇살.
전차 앞면은 푸르고 거대하다.

전쟁은 온전히 파도 하기 나름.
파도는 회전을 시도하지만 바퀴들은
후퇴한다. 그들은 무게를 견디지 못할 것이다.

* 조지 허버트의 시 「고난 IV(Affliction IV)」에서 화자가 신에게
  토로하는 "제 생각은 칼로 가득한 상자 같아, 제 심장에 상처를
  내고"에서 가져왔다.

슈맹 드 페르*

철길 위를 홀로
　　나는 심장을 쿵쾅대며 걸었다.
침목은 너무 가깝거나
　　어쩌면 너무 멀리 놓여 있었다.

풍경은 빈약했다.
　　덤불 소나무와 떡갈나무, 그
뒤섞인 회녹색 나뭇잎 너머로
　　작은 연못을 보았다.

거기 사는 더러운 은둔자가
　　오래된 눈물처럼 누워서
세월이 흐를수록 분명해지는
　　상처들에 매달려 있었다.

은둔자가 엽총을 발사하자
　　오두막 옆 나무가 몸을 떨었다.
연못 위로 물결이 일렁였다.
　　반려 암탉이 꼬꼬댁 울었다.

"사랑은 실행으로 옮겨야지!"
　늙은 은둔자가 외쳤다.
연못 너머로 메아리가
　그 말을 인정하려고 애쓰고 또 애썼다.

* chemin de fer는 프랑스어로 '철로 된 길', 즉 철로를 뜻한다.

샬럿의 신사*

어떤 눈이 그의 눈인가?
거울 옆에 누운 것은
누구의 팔다리인가?
어느 쪽도 다른 쪽에 비해
더 뚜렷하지 않고
빛깔도 다르지 않으니,
누구도 다리와 다리
팔과 팔 등
이러한 배치에서
낯선 이를 만나지 않으리라.
그의 마음에
이는 거울에 비친 모습을
가리킬 뿐,
우리가 척추라 부르는 것의
선을 따라 있는 어디쯤을.

그는 겸허하게 느꼈다.
자신이 바로
거울의 절반이었음을,
그렇지 않다면 왜 그는
짝을 이루어야 한단 말인가?
거울은 틀림없이
그의 한가운데나

아니면 가장자리까지 이어졌다.
하지만 모르겠다.
거울의 어느 쪽이
들어왔는지 혹은 나가 있는지.
틀릴 가능성은 거의 없지만,
증거 역시 없다.
또 그의 머리 절반이 비친다면
생각도 영향을 받으리라, 그는 생각한다.

하지만 그는 그토록 경제적인 설계에
묵묵히 따른다.
거울이 넘어진다면
곤란에 빠질 것이다―
예를 들면 다리가 하나뿐이랄지. 그러나
거울이 그 자리에 있는 한
그는 걷고 뛸 수 있고
그의 손은 한 번 더
손뼉 칠 수 있다. 그 불확실함이
유쾌하다고
그는 말한다. 그 끊임없는
재배치의 감각을 그는 사랑한다.
바라노니 지금 하는 말이 전해지기를.
"절반으로 충분해."

* 앨프리드 테니슨의 시 「샬럿의 숙녀(The Lady of Shalott)」를 패러디한
  시. 빅토리아시대 계관시인이었던 테니슨은 「샬럿의 숙녀」에서
  아서 왕의 기사 랜슬럿에게 고백했다가 거절당한 후 슬퍼하다 죽은
  성주의 딸 일레인에 관해 말한다.

크고 나쁜 그림

벨아일 해협이나
좀 더 북쪽인 래브라도의 항구 어디를 떠올리며
교사가 되기 전
작은할아버지는 커다란 그림 하나를 그렸다.

양쪽으로 몇 킬로미터나
고요하고 붉은 하늘 쪽으로 물러난 곳에
수백 미터 높이의
연푸른색 절벽이 솟아 있고,

그 밑에 작은 활 모양으로 파인
동굴 입구들이
만을 따라 이어진 채
완벽한 파도에 가려져 있다.

그 고요한 바닥 한가운데에
작은 검정 배들이
가로돛을 달고, 돛을 접고, 미동도 없이 앉았는데,
돛대가 꼭 타고 남은 성냥개비 같다.

그리고 그 위쪽, 높은 절벽들이
반투명하게 열을 짓고 선 곳에
수백 마리의 검은 새들이 떼 지어
n 모양으로 가느다랗게 그려져 있다.

새들이 울고 우는 소리가 들려온다.
그 밖에 다른 유일한 소리는
커다란 수중 동물이 호흡할 때 들려오는
이따금 한숨 소리.

분홍의 빛 속에서
작은 붉은 태양이 둥글게 둥글게 둥글게
구르고 굴러간다. 영원한 석양과 같은 높이로,
다 이해하고 위로하면서.

그사이 배들은 그 모습을 바라본다.
배들은 분명 목적지에 닿았을 것이다.
배들이 왜 거기에 갔는지,
상업 때문인지 성찰 때문인지는 알 수 없다.

시골에서 도시까지

　　길고 긴 다리로도
한 걸음에 몇 리를 가는 땅의 장화로도 도시는 어디도
　　갈 수 없다,
그 어디도, 우리가 달리는 그 길들(광대가 입은 바지와
　　타이츠 위 새틴 줄무늬들),
너덜너덜한 옷을 입은, 아무 의미 없는 기호들로 낙서된
　　그의 거친 몸통,
그림자 같은 높은 바보 모자, 그리고 무엇보다 그가
　　보여주는 쇼와 볼거리,
그의 뇌가 나타나 '환상적 승리'의 왕좌에 앉더니 모자
　　전체를 반짝인다,
빛으로 짠 보석 박힌 왕관들이 한데 맞물려
　　빛나는 모자를.
사악한 광대여, 우리가 다가가면 그대 심장과 머리가
　　보인다.
그대 두뇌의 반짝이는 배열은 이제
　　인어처럼 앉아
각자 손거울을 흔드는 유혹의 사이렌들로 이루어져 있다.
　　우리는 놀란다,
고속도로 전화선에서 연달아 발생하는
　　약간의 교란에.
짧고 빛나는 전선 무리가 옆으로 날아가는 것만 같다.

새들인가?
그것들이 다시 번쩍인다. 아니다. 그것들은 그대가 들고
 거울 틀을 때리는 소리굽쇠의 진동.
이제 진동은 당신의 꿈을 몇 킬로미터나 끌고 간다,
 시골 방향으로.
우리는 그 길고 검은 몸으로부터 메시지를 가져간다.
 "가라앉아" 하고 메시지는 간청하고 간청한다.

사람-나방*

　　　　여기, 위쪽,
갈라진 건물 틈새에 멍든 달빛이 들어찬다.
사람의 그림자라야 그가 쓴 모자만 할 뿐.
그림자는 그의 발치에 인형 하나 크기 원으로 드리웠다가,
뒤집힌 압정이 되어 그 끝이 자석처럼 달 쪽으로 끌려간다.
그는 달을 보지 않는다. 달의 거대한 속성들을 관찰할 뿐.
양손에 내려앉은, 따뜻하지도 차갑지도 않은,
온도계로도 측정할 수 없는 기묘한 빛을 느낄 뿐.

　　　　하지만 사람-나방이
어쩌다 한 번이지만, 드물게 그 표면을 찾아가면,
그에게 달은 조금 달라 보인다. 그는 인도 가장자리 아래
구멍에서 나타나 초조하게
건물 정면을 가늠하기 시작한다.
그가 생각하기에 달은 하늘 꼭대기에 뚫린 작은 구멍,
하늘은 보호막으로 전혀 쓸모가 없다는 증거다.
그는 몸을 떨지만, 할 수 있는 한 높이 올라 살펴야 한다.

　　　　　건물 정면 위에
사진사의 검은 천처럼 긴 그림자를 뒤로 늘어뜨리고,
그는 두려워하며 오른다, 이번엔 꼭 저 깔끔하게 둥근
　　　구멍에
작은 머리를 밀어 넣으리라 생각하면서,
검게 몸을 말고 힘껏 관을 뚫고 빛에 닿으리라 생각하면서.
(그 아래 서 있는 사람에겐 그런 환상이 없다.)
그러나 사람-나방은 가장 두려운 일을 해야만 한다, 비록
당연히 실패할지라도, 다치지는 않지만 무섭게 뒤로
　　　넘어지더라도.

　　　　　이윽고 그가 돌아온다,
집이라 부르는 허연 시멘트 지하도로. 그는 스쳐 날고,
퍼덕거리지만, 그에게 딱 맞는 속도로 지나가는
고요한 열차에 올라타지는 못한다. 문은 재빨리 닫힌다.
사람-나방은 언제나 반대 방향을 향해 앉아 있고
열차는 즉시 끔찍하게, 전속력으로
기어를 바꾸지도 않고 점차적이지도 않게 출발한다.
그는 이 거스르는 속도를 알 수가 없다.

　　　　매일 밤 그는 반드시
인공 터널을 지나가야 하고 꿈도 반복해야 한다.
그가 탄 열차 밑으로 침목이 반복되듯, 꿈들 역시
몰아치는 두뇌 밑에 깔려 있다. 그는 감히 창밖으로
세 번째 선로를 내다볼 엄두를 못 내고, 뜯지 않은 독약은
옆에서 함께 달린다. 그에게 독약은 질병이다,
민감성을 물려받은 질병. 그는 주머니에 손을 넣고
다녀야 한다, 다른 이들이 머플러를 둘러야 하듯이.

　　　　당신 혹시 그를 만나거든,
눈에 손전등을 비춰보길. 그 눈은 온통 검은 동공뿐
밤 자체일 테니, 그가 상대방을 응시하다 눈을 감으면
속눈썹에 덮인 시야가 조여들고, 그 눈꺼풀에서
유일한 소유물인 한 방울 눈물이 벌침처럼 **빠진다**.
당신이 눈여겨보지 않으면 그는 몰래 눈물을 훔치다가
눈물을 삼킬 것이다. 하지만 지켜보면 건네줄 것이다.
지하수처럼 차갑고 마실 수 있을 만큼 순수한 눈물을.

* 비숍이 신문에서 본 매머드(mammoth)의 오자 manmoth를 "man-moth"로 해석해 쓴 시다—원주.

사랑은 누워서 잔다

이른 아침은, 타고 남은 별에서 별로 하늘을 가로지르는
모든 선로를 바꾸고,
  거리 끝마다 빛의 열차로
  연결하면서,

이제 우리를 우리 침대의 햇빛으로 끌고 가
두뇌를 짓눌렀던 것들을 깨끗이 없애주고,
  부유하고 팽창하며 쏘아보는
  네온의 형상들을 꺼준다.

분홍색과 노란색 눈 사이, 글자들과 경련하는 간판들,
잿빛 가로를 따라서.
  숙취에 시달리는 달들이여, 그만 이울라, 이울라!
  내 방 창밖으로

거대한 도시가 조심스럽게 드러난다,
지나친 장인의 솜씨로 섬세하게 만들어진 도시가
  하나하나 자세하게,
  건물 정면 위 처마 장식은

허약한 흰 하늘을 향해
꽤 나른하게 뻗은 채로, 흔들리는 것처럼 보인다.
    (거기서 그것은 물의 유리로 된 하늘에서
    천천히 자라났다.

철과 구리 결정의 합금 구슬로부터,
항아리 속 작은 화학의 '정원'이
    떨다가 다시 선다,
    연한 푸른색, 청록색, 그리고 벽돌색으로.)

참새들이 서둘러 놀이를 시작한다.
이윽고 서쪽에서 "쾅!" 그리고 연기구름이 솟아난다.
    "쾅!" 그리고 다시금 폭발하는 꽃송이가
    피어난다.

(또 "위험", 한번은 "죽음" 소리가 들렸던
공장의 모든 직원들이
    잠에서 돌아와 목덜미에
    짧은 털이 쭈뼛 서는 것을

느낀다.) 연기구름이 흩어진다.
실 같은 빨랫줄에서 셔츠 하나가 벗겨진다.
　　그 아래 거리를 따라
　　물수레가 지나가며

껍질들과 신문들 사이로 쉭쉭쉭쉭 눈 같은
바람을 일으킨다. 물이 마르면
　　마른 곳은 연하게, 젖은 곳은 진하게
　　시원한 수박 무늬를 이룬다.

나는 돌담과 복도와 철제 침대에서
아침의 낮-샘물들이 터져 나와
　　흩어지거나 폭포를 이루면서
　　기다린 이들에게 경고하는 소리를 듣는다.

일어나는 모든 사람의 기묘한 큐피드들이
하루 종일 저녁을 준비할 것이다,
　　당신 저녁 잘 먹으라고
　　그의 심장을, 그의 것을, 그를.

그러니 그들을 다정하게 일터로 보내길,
그 독특한 사랑을 거리마다 끌고 다니도록.
　　오직 헬륨처럼 가벼운
　　장미꽃으로만 그들을 벌하길.

언제나 한 명, 혹은 여럿에게, 아침이 오면,
그들의 머리가 침대 가장자리 너머로 떨어지고
　　그 얼굴이 뒤집혀
　　도시의 이미지가

뜬 눈에 거꾸로
뒤집히고 왜곡되어 펼쳐지므로. 아니. 내 말은
　　어쨌든 그가 본다면
　　왜곡되어 드러난다는 뜻.

아침 식사의 기적

여섯 시 정각에 우리는 커피를 기다리고 있었다,
어느 발코니에서 내려올
커피와 자선의 빵 부스러기를 기다렸다,
—오래전 왕들처럼, 혹은 기적처럼.
아직 어두웠다. 태양의 한쪽 발이
강의 긴 물결 위에 흔들림 없이 서 있었다.

그날의 첫 연락선이 막 강을 건넜다.
너무 추워 우리는 커피가
아주 뜨겁기를 소망했다, 태양은 분명 우리를
따뜻하게 해주지 않을 것을 아니까, 또 빵 부스러기가
기적처럼, 버터 발린 한 덩어리씩으로 변하길 바랐다.
일곱 시에 한 남자가 발코니로 걸어 나왔다.

그는 잠시 발코니에 홀로 서서
우리 머리 너머로 강을 바라보았다.
하인이 그에게 기적의 재료를 건넸다.
커피 한 잔과 롤빵 하나로 구성된 것을.
그는 그것을 잘게 나누기 시작했다.
그의 머리는, 이른바 구름만 가득했다—태양과 함께.

이 남자가 미쳤나? 도대체 태양 아래서
그는 무엇을 하려는 건가, 자기 발코니 위에서!
사람들은 좀 딱딱한 부스러기 하나씩을 받았는데,
어떤 이는 경멸스럽게 그것을 강에 휙 던져버렸고,
컵 속에는 커피 한 방울이 있었다.
우리 중 일부는 둘러서서 기적을 기다렸다.

이제 내가 본 것을 말해주겠다. 그것은 기적이 아니었다.
태양 아래 아름다운 저택이 서 있고
그 문에서 뜨거운 커피 향이 배어 나왔다.
앞쪽에 바로크풍의 흰색 석고 발코니가 있고
강을 따라 둥지를 튼 새들도 있었다.
—나는 보았다, 한쪽 눈은 빵 부스러기에 둔 채—

그리고 회랑과 대리석 방 들이 있었다. 내 빵 부스러기는,
기적이 내게 만들어준 나의 저택은,
세월이 흐르는 동안, 곤충과 새와 강이
돌을 쪼아 만들었다. 매일, 태양 아래,
아침 식사 시간이면 나는 발코니에 앉아
두 발을 올리고, 커피를 양껏 마신다.

우리는 빵 부스러기를 핥고 커피를 삼켰다.
강 건너 어느 창문에 태양이 비쳤다.
마치 기적이 작동하는 것처럼, 엉뚱한 발코니에서.

잡초

나는 죽어, 명상하며, 꿈을 꾸었어.
무덤 혹은 침대 위에 누워 있었지
(적어도, 춥고 밀폐된 내실이기는 했어).
차가운 심장에, 마지막 생각이
얼어붙은 채, 마치 내가 거기 있는 것처럼
거대하고 선명하게, 뻣뻣하고 무기력하게 서 있었어.
우리는 함께 변하지 않은 채로
일 년, 일 분, 한 시간을 머물렀어.
갑자기 어떤 움직임이 일어났어.
그곳에선 모든 감각을 화들짝 놀래줄
폭발처럼 느껴졌지. 이윽고 그것은
심장의 영토를
꾸준히 조심스레 기어가는 동작으로 바뀌었고,
나를 찔러 절망의 잠에서 깨워냈지.
나는 고개를 들었어. 여리고 어린 잡초 한 포기가
심장을 뚫고 올라와 그 초록 머리를
가슴 위에서 끄덕이고 있었어.
(이 모든 일이 어둠 속에서 일어났어.)
잡초는 풀 한 포기처럼 한 마디 자랐고
곧 옆구리에서 잎 하나가 솟아나
몸을 꼬며 깃발처럼 나부끼더니, 이윽고
두 개의 잎이 신호기처럼 움직였지.

줄기가 두꺼워졌어. 불안한 뿌리가
양쪽으로 뻗어갔어. 우아한 머리가
기묘하게 방향을 바꾸었어.
그 어린 관심을 끌 만한
해도 달도 없었는데.
뿌리 내린 심장이 변하기 시작했고
(박동하는 게 아니라) 그러다 쪼개지더니
물이 홍수처럼 터져 나왔어.
양옆에서 두 강줄기가 흘러나왔어.
하나는 오른쪽으로, 하나는 왼쪽으로.
두 개의 반투명한 거센 물줄기는
(골이 패어 두 줄기 폭포가 되었지)
거침없이, 유리처럼 매끄럽게
미세한 검은 흙 속으로 흘러들었어.
잡초는 거의 휩쓸려 갈 뻔했지만
가장자리에 무거운 물방울이 맺힌
잎사귀들을 애써 들어 올렸어.
몇 방울이 내 얼굴에 떨어져
내 눈에 들어가는 바람에 나는 볼 수 있었지
(어둠 속이라 보았다고 생각했을지도 모르고),
물방울마다 빛을 담고 있는 것을,
작게 빛나는 장면들을.
잡초 탓에 방향을 바꾼 물줄기는
내달리는 이미지들로 이루어졌어.
(마치 강이 자신이 한때 비췄던 모든 장면을
순간적으로 수면에 띄우지 않고
물속에 간직한 채

영영 데리고 다녀야 하는 것처럼.)
　잡초는 쪼개진 심장 속에 서 있었어.
"거기서 뭐 해?" 내가 물었어.
　잡초는 온통 젖은 고개를 들고
　(내 생각들로 젖은 걸까?)
　대답했어. "나는 자랍니다." 그것이 말했어.
"당신 심장을 다시 쪼개려고요."

불신자

> 그는 돛대 꼭대기에서 잠든다.
> — 존 버니언

그는 돛대 꼭대기에서 잠든다,
눈을 꼭 감고서.
돛은 이불처럼
그 아래로 흘러내리고,
밤공기 속에 잠든 사람의 머리만 남긴다.

잠든 채 그는 그곳으로 옮겨졌다,
잠든 채 돛대 꼭대기에서
황금빛 공처럼 몸을 말았거나
황금색 새 안으로 들어갔거나
무심코 거기 걸터앉았다.

"나는 대리석 기둥 위에 세워졌단다."
구름이 말했다. "나는 절대 움직이지 않아.
저기 바닷속 기둥들이 보여?"
그는 자기 성찰에 빠진 채
자기가 비친 물의 기둥들을 바라본다.

갈매기 한 마리가 아래쪽에 날개를 달고
공기더러 "대리석 같군" 하고
말했다. 그는 말했다. "여기 위에서
나는 하늘을 뚫고 솟구치지.
탑 꼭대기 위로 날아가는 대리석 날개 덕분에."

그러나 그는 돛대 꼭대기에서 잠든다,
눈을 질끈 감고.
갈매기가 그의 꿈에 관해 묻자
그는 이렇게 대답했다. "나는 떨어지면 안 돼.
저 아래 반짝반짝 바다는 내가 떨어지길 바라지.
바다는 다이아몬드처럼 단단해서 우리를 모두 부숴버리고
　　싶어 해."

기념비

이제 기념비가 보입니까? 나무로 만들어져
어쩐지 상자 하나처럼 생겼죠. 아니요. 서로 다른
몇 개의 상자가 점점 크기가 작아지게
위아래로 쌓여 있는 형태입니다.
상자마다 반쯤 돌아가
모서리가 아래쪽 상자의 측면을 향하고
각도가 서로 엇갈려 있습니다.
맨 위 상자에는
풍화된 목제 백합 문양 장식이 올라가 있는데
판자로 만든 긴 꽃잎에는 무작위로 구멍이 뚫렸고
사각형에 뻣뻣한 게 교회를 연상시킵니다.
거기서 네 개의 가늘고 흰 장대가 튀어나와선
(낚싯대나 깃대처럼 기울었어요)
끝에 조각 그림을 매달고 있는데,
희미하게 깎은 장식물 네 줄기가
상자 가장자리를 넘어
땅까지 이어집니다.
기념비는 3분의 1은 바다를,
3분의 2는 하늘을 향해 있습니다.
전망은
(즉, 전망의 시야는)
너무 낮아서 '멀리'랄 게 없고,

우리는 전망 안쪽에서나 멀리 있습니다.
좁고 수평으로 뻗은 널빤지 같은 바다가
우리의 외로운 기념비 뒤쪽에 펼쳐졌는데,
마룻바닥처럼 오른쪽 왼쪽 번갈아 놓인
길쭉한 물결이—점점이, 가만히 모여서
미동도 없습니다. 하늘은 나란히 뻗었는데
바다의 물결보다 더 거친 울타리 말뚝 같아서
햇빛으로 쪼개졌고 구름은 길쭉한 섬유질입니다.
"왜 저 이상한 바다는 소리를 내지 않을까요?
우리가 너무 멀리 있는 걸까요?
우리는 어디에 있지요? 소아시아인가요?
아니면 몽골인가요?"
     고대의 곳,
고대의 공국, 그곳의 예술가이자 왕자였던 이가
기념비를 세우고 싶었던 걸지도 모릅니다.
무덤을 표시하거나 경계를 나타내려고, 혹은
울적하거나 낭만적인 풍경을 연출하려고…
"하지만 저 기묘한 바다는 목재로 만든 것 같아요.
물에 떠내려온 나무처럼 반쯤 빛나는 목재로요.
그리고 하늘도 나무 같고 구름처럼 결이 있네요.
마치 무대장치 같아요. 전부 너무 평평해요!
저 구름들은 반짝이는 나뭇조각으로 가득하네요!
저게 뭐죠?"
    이것은 기념비입니다.
"층층이 쌓인 상자들,
가장자리에 댄 조잡한 뇌문 세공도 반쯤 떨어져 나갔고,
여기저기 금이 가고 칠도 안 했네요. 낡아 보여요."

―강렬한 햇빛, 바다에서 불어오는 바람,
이 모든 존재 조건 탓에
애초에 페인트를 칠했더라도 다 벗겨졌을 테고
원래 모습보다 더 흉해졌을지도 모릅니다.
"왜 나를 여기로 데려와 이걸 보게 한 거죠?
이 비좁고 갑갑한 풍경 속 상자뿐인 사원이
무엇을 증명할 수 있죠?
나는 이 침식된 공기를 마시는 것도,
기념비를 쪼개는 이 건조함을 들이켜는 것도
   지긋지긋해요."

이것은 인공물
목제입니다. 나무는 실제 바다나 모래나 구름보다 훨씬 더
바다나 구름이나 모래 혼자 있을 때보다 더
잘 버팁니다.
나무는 성장하고, 움직이지 않는 길을 선택했습니다.
기념비는 하나의 사물이지만, 아무렇게나 못을 박아
보잘것없어 보이는 그 장식들은
생명이 있어서, 기념비가 되기를 원한다고,
무언가를 기리고 싶다고 스스로 소망합니다.
조악한 소용돌이 문양에도 '추모'라고 씌어 있는데,
매일 한 차례씩 빛이 어슬렁거리는 짐승처럼
그 주위를 어룽거리거나,
비가 떨어지거나, 바람이 불어옵니다.
그것은 단단할 수도, 속이 비었을 수도 있습니다.
예술가-왕자의 유골이 그 안에 있을지도 모르고
저 멀리 훨씬 더 건조한 땅에 있을지도 모릅니다.

그러나 대강이지만 적절하게 그 안에 든 것을
(어차피 안이 보이게 의도해서 만들지는 않았을
   테니까요)
지켜줄 수는 있습니다.
이것은 어느 그림의 시작,
혹은 조각품이나 시나 기념비의 한 조각입니다.
그리고 전부 나무로 만들었습니다. 자세히 들여다보십시오.

파리, 오전 7시

나는 아파트의 시계마다 여행을 떠난다.
어떤 시곗바늘은 배우처럼 과장되게 한 방향을 가리키고
어떤 바늘은 무지한 얼굴로 다른 방향을 가리킨다.
시간은 에투알*, 각 시마다
너무 많이 갈라져 하루가 교외를 도는 여정이고,
별을 에워싼 원이며, 포개지는 원이다.
겨울 날씨의 짧은 반음계는
비둘기의 펼친 날개.
겨울은 비둘기 날개 밑, 깃털 축축한 죽은 날개 밑에 산다.

안뜰을 내려다보라. 모든 집이
그렇게 지어졌다. 망사르드지붕 위에
장식용 항아리를 얹었는데 비둘기들이
그곳에서 산책한다. 이는 내면을 응시하기 위한
성찰, 혹은 회고 같다.
직사각형 안의 별, 회상 같다.
이 빈 광장은 쉽게 거기 있었을 것이다.
ㅡ더 화려했던 겨울날 지은, 아이들의 눈 요새가
이 정도 크기에 이르면 집이 될 수도 있었을 것이다.
4, 5층 높이의 거대한 눈 요새는
모래성이 파도를 막아주듯 봄을 막아주고
그 벽과 형태도 녹아 사라질 수 없었을 것이다.

오직 튼튼한 사슬로 연결되어 돌로 변할 뿐,
지금 이것들처럼 잿빛으로 누렇게 변할 뿐.

탄약은 어디에 있나? 별처럼 쪼개진 얼음 심장을 가진
눈 뭉치들은 어디에 있나?
이 하늘은 끊임없이 교차하는 원을 벗어나는
전령-전사-비둘기가 아니다.
그것은 죽은 것, 혹은 죽은 것이 떨어져 내린 하늘이다.
항아리에 비둘기의 재나 깃털이 담겨 있다.
별은 언제 녹아버렸나? 아니면,
사각형과 사각형과 원과 원의 연속 속에 사로잡혔나?
시계는 말할 수 있을까? 저 아래,
눈 속으로 막 떨어질 참인가?

* étoile. 프랑스어로 별 혹은 파리의 교차로를 뜻한다.

오를레앙 강변로 (Quai d'Orléans)

마거릿 밀러*에게

강 위 바지선마다 거대한 물결을 쉽게
    끌고 간다,
칙칙한 회색 조 잿빛으로 빛나는 거대한 참나무
    이파리 같은 물결을.
그 뒤로 진짜 나뭇잎들이 둥둥 떠서 바다로
    흘러간다.
거대한 이파리 위 수은 같은 잎맥이,
    잔물결이, 물가
옆구리로 향하다, 벽에 부딪쳐 스스로
    소멸한다,
하늘 어딘가에서 별똥별이 끝을 향해 가듯
    고요히.
그 뒤를 따르는 작은 이파리 무리, 진짜 잎들이
    떠돌다
녹아내리는 바다의 복도를 따라 사라진다,
    조용히.
우리는 돌처럼 가만히 서서 나뭇잎과 잔물결을
    바라보는데
그사이 빛과 긴장한 물이 면담을
    시작한다.
"우리가 보는 것들이 자신을 잊는 것처럼,"
    나는 네게 말하고 싶다.

"우리도 쉽게 잊어준다면—그러나 우리는 영영
　　나뭇잎의 화석조차 없앨 수 없지."

* 미술사학자이자 화가였던 밀러는 1930년대 배서칼리지 재학 시절
  비숍의 룸메이트였다. 1937년 7월 17일 밀러는 비숍과 또
  다른 친구 루이즈 크레인과 휴가를 떠난 프랑스에서 교통사고로
  한쪽 팔을 잃었다.

천장에서 잠들기

천장 위는 아주 평화로워!
이곳은 콩코르드광장.
작은 크리스털 샹들리에는
꺼졌고, 어둠 속 분수가 되었지.
공원에는 아무도 없어.

저 아래, 벽지가 벗겨지는 곳에,
파리식물원 문이 잠겼어.
저 사진들이 동물들.
거대한 꽃과 잎이 수런거리고
잎사귀 아래 벌레들이 굴을 뚫네.

우리는 벽지 아래로 내려가
벌레-검투사를 만나야 해.
그물과 삼지창을 들고 싸워야 해.
그러려면 분수와 광장을 떠나야만 해.
하지만, 아아, 저 위에서 잠들 수만 있다면…

선 채로 잠들기

우리가 누워 잠들 때 세계는 반쯤 돌아가요,
    어두운 90도의 각도로.
        화장대는 벽에 눕고
낮 동안 잠잠했던 생각들은
        다른 것들이 쓰러질 때 일어나,
나무가 빽빽이 곤두선 숲을 이루죠.

꿈의 장갑차들은, 수많은 위험 속으로
    우리를 끌고 가도록 만들어져,
        완벽하게 위장한 채, 거센 물살을 뚫거나
허물어지는 혈암 절벽을 올라갈 준비를 마치고,
        방호 판과 장갑을 흔들며
    칙칙칙칙 가장자리를 질주합니다.

―우리는 보았어요, 포탑 틈새로
    푸른 숲 바다 위 대못 박은 널빤지 아래
        빵 부스러기 혹은 조약돌을,
낮에 똑똑한 아이들이 뿌려두었다가
        문밖에 나가 따라간 것만 같았어요.
    적어도 어느 밤에 그 흉한 탱크를 타고

우리는 밤새 그들을 추적했어요. 때로 그들은 이끼 사이로
 흩어져 사라졌고,
  때론 우리 속도가 너무 빨라
그들을 깔아뭉갰습니다. 얼마나 어리석게 탱크를 몰았던지,
 밤이 다 지나도록
 그 오두막이 어디 있는지 찾아내지 못했답니다.

겨울 서커스(Cirque d'Hiver)

몇 세기 전 왕에게나 어울릴 법한
기계식 장난감이 바닥을 가로지르며 까부네요.
진짜 휜털이 달린 작은 서커스 말(馬)이에요.
그의 눈은 반들거리는 검은색.
등에는 작은 무용수를 태웠어요.

그녀는 발끝으로 서서 빙글빙글 돌아요.
치마와 반짝이 실로 짠 보디스 위에
인조 장미 장식이 비스듬히 수놓아졌네요.
그녀는 머리 위에도
인조 장미 장식을 쓰고 있어요.

말갈기와 꼬리는 키리코 그림에서 곧장 튀어나온 것 같죠.
그는 격식 있고 우울한 영혼을 지녔어요.
무용수의 분홍 발끝이 제 몸과 영혼을 꿰뚫고 있는
작은 막대를 따라
그의 등을 향해 흔들리는 게 느껴져요.

막대는 그의 몸을 관통해 커다란 주석 열쇠가 되어
아래쪽 그의 배 밑으로 다시 나타나요.
그는 세 걸음 걷고, 꾸벅 인사하고,
다시 걸음을 내딛고, 한쪽 무릎을 굽혀 인사하고,
또 한 걸음 후에 짤랑, 멈추더니 나를 바라봅니다.

이번에는 무용수가 등을 돌리네요.
그가 훨씬 더 영리해요.
다소 절박하게 서로를 바라보며—
그의 눈은 별과 같아요—
우리는 마주보고 말합니다, "와, 우리 이만큼이나 왔네요."

플로리다

이름이 가장 예쁜 주,
짠물에 뜬 주,
살아 있는 굴들이 군락을 이루며
맹그로브 뿌리와 한데 얽혔고,
죽으면 그 유골이 하얀 습지를 뒤덮어,
폭격이라도 맞은 듯 푸른 언덕이 점점이 박히면
고대 포탄처럼 풀들이 솟구친다.
길쭉한 S 모양의, 푸르고 하얀 새들과
보이지는 않지만 짜증이 날 때마다
고음으로 소리치는 히스테릭한 새가 가득한 주.
제 화려함에 당황한 풍금조,
광대 짓을 즐기는 펠리컨,
맹그로브 섬들 사이 거센 조류를 타고
재미 삼아 해안 따라 떠다니다가,
햇살 드는 저녁이면
모래톱에 서서 축축한 금빛 날개를 말린다.
무력하고 온화한, 거대한 거북들은
죽어 해변에 따개비 붙은 등딱지를 남기고,
그들의 큼직한 흰 머리뼈에는
사람보다 두 배나 큰 둥근 눈구멍이 있다.
야자수들이 강한 바람을 맞아 펠리컨 부리처럼
딱딱 소리를 낸다. 열대의 비가 내려

파도에 휘말려 희미해진 조개껍데기의 배열을 바꿔낸다.
그것은 염주 열매였다가 중국 문자였다가 귀한
    남방공작나비였다가,
알록달록한 젤리들과 숙녀의 귀로 바뀌며,
마치 땅에 묻힌 인도 공주의 치마,
그 썩어가는 잿빛 무명천 위에 늘어선 것처럼
이 단조롭고 끝없이 늘어진 해안선을
섬세하게 장식한다.

서른이 넘는 독수리들이 습지에서 뭔가 발견하고
아래로, 아래로, 아래로 맴을 돌며 내려온다.
마치 휘저은 물속으로 가라앉는
퇴적물 조각처럼 빙글빙글.
숲 불 연기는 섬세한 푸른 용매로 걸러내고,
그루터기와 죽은 나무 위 그을음은 검은 벨벳 같다.
모기들이
맹렬히 울리는 보조 선율에 맞춰 사냥에 나선다.
어둠이 내리면 늪 반딧불이가 하늘에 지도를 그린다,
달이 뜰 때까지 내내.
차갑게 희고, 밝지 않은 달빛은 거친 그물처럼 성기고,
조심성 없이 타락한 이 주는 서로 너무 멀리 떨어진
검은 점들과 추한 흰색들뿐이다. 자신에 관해 쓴
가장 형편없는 엽서다.
어둠이 내리면, 웅덩이들이 사라진 것처럼 보인다.
친근함, 사랑, 짝짓기, 전쟁, 그리고 경고의 울음—
다섯 가지 서로 다른 소리로 우는 악어는
인도 공주의 목구멍에서
흐느끼며 말한다.

헤로니모의 집

나의 집, 내 요정의
    궁전은
부서지기 쉬운
    물막이 판자로 만든,
방이라곤 고작 세 개,
    잘근잘근 씹은 종이를
침으로 덕지덕지 붙인
    회색 말벌 집.

나의 집, 내 사랑의 둥지는
    나무 레이스로 만든
베란다가
    달렸고,
스펀지에 심어놓은
    양치식물로 꾸몄으며,
거실은
    빨간색과 초록색

치우지 않은 크리스마스
    장식들이
방구석에서
    방 중앙까지 걸려 있다,
파란색으로 칠한
    나의 작은
고리버들 엮은
    한가운데 탁자 위로.

거기 파란색 의자 네 개와
    아주 작은 아기를 위한
물건 하나,
    커다란 구슬 열 개가 담긴
쟁반 하나.
    그리고 벽 위에는
야자잎 부채 두 개
    그리고 달력 하나.

탁자 위에는
    불처럼 빨간 소스가
점점이 튀어 있는
    튀긴 생선 한 마리,
옥수수죽이 담긴
    작은 접시와
분홍색 티슈로 만든
    장미 네 송이.

또한 나는
    알루미늄색 페인트로
다시 칠한
    오래된 프렌치호른을
고리에 걸어두었다.
    매년 호세 마르티
기념 축제 행렬에서
    이 악기를 연주한다.

밤이면 내 집이
    버려진 듯 보이겠지만,
가까이 와보셔. 당신
    보이고 들릴 거야.
글을 쓰는 종이 위
    빛의 선들
그리고 내 라디오에서 나오는
    목소리들이

복권 번호들
    사이로
플라멩코를 노래할 거야.
    이사를 가면
이것들을 전부 가져갈 거야.
    그리 많지 않은 것들을,
허리케인을 피할
    은신처에서.

수탉들

네 시
권총처럼 푸른 어둠 속에서
첫 수탉이 첫울음 운다

권총처럼 푸른 창문
바로 아래서,
이윽고 메아리가

먼 데서 되돌아오고,
또 한 번 뒷마당 울타리에서,
또 한 번, 끔찍스럽게 꾸준히,

젖은 성냥처럼
브로콜리밭을 쓱쓱 긁어대다가,
화르르 타올라, 마을 전역에 번진다.

울음은 푸짐하게
수세식 변소 문에서,
똥투성이 닭장 바닥에서 나온다.

그곳 푸르른 흐릿함 속에서
분주한 아내들이 넋을 잃고 바라보는 사이,
수탉들은 잔혹한 두 발로 버티고 서서

어리석은 눈으로 노려보는데
그 부리에서
전통적인 울음이 걷잡을 수 없이 터져 나온다.

녹청색 황금 훈장을 드리운
튀어나온 가슴 깊숙이에서
명령과 공포를 퍼뜨리리라 계획한 울음이.

구애받고 멸시당하는
암탉의 삶을 살아가는
수많은 아내들을 겁박하려고.

생목 깊은 곳에서
의미 없는 명령이 떠올라
마을 전역을 뒤덮는다. 수탉은 흡족하게

녹슨 철 창고에서
또 낡은 침대 틀로 만든 울타리에서
우리 침대를 굽어본다.

주석 수탉이 홰를 친
우리 교회를 굽어본다.
우리 작은 목조 북쪽 집들을 굽어본다.

진흙탕 골목마다
출격해
랜드 맥낼리* 지도를 그리듯이,

유리 압정으로,
석유는 금색, 구리는 초록색,
무연탄은 파란색, 황갈색으로 표시하듯이.

표시마다 적극적인
추방을 예고한다.
표시마다 소리친다, "여기가 내가 살 곳이다!"

표시마다 외친다
"일어나라! 꿈에서 깨어나라!"
수탉들이여, 대체 무슨 속셈인가?

너희, 그리스인들이 장대 위에 세워놓고
쏘게 했던 너희, 희생당할 때에도
몸부림쳤던 너희,

"매우 호전적이군…" 낙인찍혔던,
너희는 무슨 권리가 있어
명령을 내리고 우리를 가르치려 드는가?

"여기!" 또 "여기!"를 외치며
우리를 이곳에 깨워놓는가,
원치 않는 사랑과 자만, 전쟁이 있는 곳으로?

너희 작은 머리에 얹힌
붉은 왕관은
투쟁의 혈기로 가득하다.

그래, 그 돌출부는
몹시 남성적인 존재감을 드러내고
저속하기 짝이 없는 무지갯빛 아름다움을 보탠다.

이제 허공에서
두 마리씩 짝을 지어 싸우는데,
첫 번째 화염에 싸인 깃털이 떨어진다.

한 마리가 죽음의 감각마저 무시하고
격렬한 영웅심에 미쳐
날아오른다.

그러고 한 마리가 떨어졌는데,
아직도 마을 위에
찢겨나간, 그의 피 묻은 깃털이 흩날린다.

그가 무슨 노래를 불렀는지는
상관없다. 그는 회색 잿더미에
던져졌고, 똥 더미에 누워 있다.

죽은 아내들과 함께
그는 핏발 선 눈을 뜨고,
그사이 금속성 깃털은 녹슬어 간다.

성 베드로의 죄는
오직 육체의 죄였던
막달라 마리아의 죄보다 더 나빴다.

영혼의 죄였던 베드로의 죄는
화염 아래로,
"종들과 관리들" 사이로 떨어졌다.

오래된 거룩한 조각은
과거와 미래를, 하나의 작은 장면에
모두 담아낼 수 있었다.

그리스도는 놀라 서 있고
베드로는 놀란 입술에
두 손가락을 댔는데, 둘 다 멍했다.

하지만 그들 사이에
작은 수탉 하나가
흐릿한 석회 기둥에 새겨져 있다,

닭이 노래하다(gallus canit)라고.
그 밑에 베드로가 울다(flet Petrus)라고 씌어 있다.
거기 피할 수 없는 희망, 중심축이 있다.

그렇다, 거기 베드로의 눈물이
우리 수탉의 옆구리를 타고
흘러내려 쇠 발톱에 보석을 달아준다.

중세의 유물처럼
눈물로 두껍게 덮인 채
그는 기다린다. 가엾은 베드로는 상심하여

아직도 모른다.
그 꼬끼오 울음이 축복을 내릴 것을,
그의 무시무시한 수탉이 용서로 이끌 것을.

바실리카와 헛간 위에
새로 풍향계가 달리고,
라테라노 대성당 바깥에

언제나 청동 수탉이
반암 기둥 위에 서 있어서
사람들과 교황이

열두 사제의 왕자가
오래전에 용서받았음을 알게 하고,
또 모든 회중에게

"모르오 모르오 모르오"가
전혀 수탉의 울음이 아님을
믿게 하리라는 것을.

아침이면
낮은 빛이 뒷마당을
떠다니며 저 아래

브로콜리 이파리마다
금빛으로 물들이니,
밤이 어찌 슬픔에 빠지겠는가?

떠다니는 아주 작은 제비의 배와
하늘의 분홍빛 구름 윤곽선을
금빛으로 물들이며

낮의 서막이
대리석 속 선들처럼 배회한다.
수탉 울음은 이제 거의 들리지 않는다.

태양이 솟아올라,
"끝을 보러" 따라온다.
적처럼 혹은 친구처럼 믿음직하게.

* 지도 관련 기술을 제공하는 미국의 출판 회사. 1856년 윌리엄 H. 랜드가 이민자 앤드루 맥낼리를 고용해 운영한 인쇄소가 시초가 되었다.

바다 풍경

이 천상의 바다 풍경, 백로들은 천사처럼 일어나
맘껏 높이, 맘껏 멀리
층층이 쌓인 티끌 없는 반사면 위를 나란히 날아간다.
가장 높은 곳의 백로부터
아래로는 중력 없는 맹그로브 섬까지,
섬의 선명한 초록 잎 가장자리는 은색 조명처럼
깔끔하게 새똥을 둘렀고,
고딕 양식을 연상케 하는 맹그로브 뿌리의 아치 아래와
이따금 물고기가 야생화처럼
장식적인 모습으로 튀어 오르는
아름다운 완두콩색 뒤 목장까지 전역을.
이 모습은 라파엘이 교황의 태피스트리를 위해 그린 만화,
천국과도 같아 보인다.
그러나 검은색과 흰색의 성직자 복장을 한
해골 같은 등대가 거기 서서,
신경이 곤두선 채 살면서, 자기가 더 잘 안다고 생각한다.
그는 철제 발 아래 지옥이 들끓고,
그 때문에 얕은 물이 이토록 따뜻하다 믿으며,
천국은 이런 모습이 아님을 안다.
천국은 날거나 헤엄치는 것과 다르고,
오히려 암흑 그리고 강렬한 섬광과 관련이 있다.

어둠이 찾아오면 그는 그 주제에 관해 강렬한 어조로 할 어떤 말을 떠올릴 것이다.

작은 연습

토머스 에드워즈 와닝*에게

생각해 봐, 잠들 곳을 찾는 개처럼
불안하게 하늘을 배회하는 폭풍을,
으르렁대는 그 소리를 들어봐.

생각해 봐, 마땅한 그 모습을, 맹그로브 산호섬이
번개에도 아랑곳하지 않고
검고 거친 섬유질 가족들 사이에 누워 있는 모습을.

이따금 왜가리가 고개를 들어
깃털을 털어내곤, 불확실한 말을 내뱉는 모습을.
그때 주변 물이 빛나겠지.

생각해 봐, 대로와 작은 야자수들이
줄지어 늘어서 있다가, 축 늘어진 생선 뼈 한 움큼처럼
불쑥 드러나는 모습을.

거기 비가 내리고 있어. 가로수길과
틈새마다 잡초가 자라는 부서진 인도는
안도하며 젖어가고, 바다도 새롭게 씻기겠지.

이제 폭풍이 다시 물러가네,
작고 어둑한 전투 장면으로 잇따라,
장면마다 "들판의 또 다른 조각"을 보여주면서.

생각해 봐, 맹그로브 뿌리나 다리 기둥에 배를 묶고
노 젓는 배 바닥에서 잠드는 누군가를.
다치지 않고, 거의 방해도 받지 않는 그 모습을 생각해 봐.

* 비숍과 친분이 있었던 문학계 인물로 추정되지만, 사적인 정보에
  관해서는 알려진 바가 별로 없다.

물고기

대어를 낚았다.
나는 녀석을 보트 옆구리에 매달아 두었다.
주둥이 한쪽 귀퉁이에 낚싯바늘이 걸렸고
몸통의 절반은 물속에 잠긴 채였다.
녀석은 몸부림치지 않았다.
전혀 몸부림치지 않았다.
끙 소리가 나오게 묵직한 몸으로 매달려 있었다.
관록 있어 보이는 몸은 온통 너덜너덜했고
못생겼다. 갈색 몸통 여기저기
옛날 벽지처럼
줄무늬가 있고,
더 진한 갈색 무늬도
꼭 벽지 같았다,
세월을 거치며 얼룩지고 사라진
활짝 핀 장미 같은 형상.
녀석의 몸에 따개비가 얼룩덜룩 붙어 있었다,
섬세한 장미꽃 모양 석회로,
게다가 그 몸에는
아주 작은 흰색 바다 물벼룩이 들끓었으며,
아래쪽에는 녹색 해초 두세 가닥이
누더기처럼 매달렸다.
녀석의 아가미가 힘겹게

산소를 들이마시는 동안
—무시무시한 아가미는
피가 들어차 신선하며 빳빳했고
손을 대면 깊이 베일 듯했다—
나는 생각했다, 깃털처럼 단단히 뭉친
거친 흰색 살을,
큼직한 뼈들과 자잘한 뼈들을,
극적인 붉은색과 검은색으로
번들거릴 내장을,
큼직한 작약꽃 같을
분홍색 부레를.
녀석의 눈을 들여다보았다.
내 눈보다 훨씬 크지만
더 얕고, 누런 기운을 띤 눈을,
뒤로 물러난 홍채가
얼룩진 은박지처럼 뭉쳐 있고
수정체가 여기저기 긁힌
오래된 운모 같은 눈을.
그 눈은 살짝 움직였지만,
내 시선을 마주 본 것은 아니었다.
—그보다는 빛을 향한 물체의
반사작용에 가까웠다.
나는 녀석의 뚱한 얼굴에,
턱의 구조에 감탄했다.
그러다 보았다
녀석의 아랫입술에
—그걸 입술이라고 부를 수 있다면—

불길하고 축축하고 무기 같은 그것에
오래된 낚싯줄 다섯 가닥이
혹은 네 가닥과 여전히 회전 고리가 붙은
철사 목줄 하나가
전부 다섯 개의 큼직한 낚싯바늘을 달고
녀석의 입속에 단단히 박혀 있었다.
녹색 줄 한 가닥은 녀석이 끊어냈을 때의 모양 그대로
끝이 나달나달했고, 두 가닥은 좀 더 묵직했고,
가느다란 검은 줄은
녀석이 끊고 달아나기 직전의
팽팽한 줄다리기를 간직한 채 여전히 구불구불했다.
고통스러워 보이는 턱에서
지혜의 수염 다섯 가닥이 나부꼈다.
그것은 나달나달하게 구부러진 줄에 매달린
훈장 같았다.
나는 보고 또 보았고
빌려 온 작은 보트 안에
승리감이 차올랐다.
녹슨 엔진 주변으로
기름이 무지개를 펴뜨린
배 밑바닥 물웅덩이부터
녹슨 주황색 파래박과
햇볕에 갈라진 가로장과
줄 달린 노걸이와
뱃머리 널빤지까지—온통
무지개, 무지개, 무지개였다!
나는 물고기를 놓아주었다.

늦은 방송

한밤중 라디오-가수들이
　　마술사의 소매에서 날아올라
이슬 젖은 풀밭 위로
사랑-노래를 흩뿌린다.
　　그리고 마치 점쟁이처럼
골수를 꿰뚫는 그들의 추측을 당신은 굳게 믿는다.

그러나 해군 조선소 안테나 위에서 나는
　　여름밤 사랑에 대한
더 나은 증인들을 발견한다.
다섯 개의 먼 붉은빛이
　　거기 둥지를 튼다. 이슬이 닿지 못하는 곳에서
조용히 타오르는 불사조들처럼.

쿠치

미스 룰라의 하인 쿠치는 석회질에 묻혀
검은 몸이 흰색이 되었다,
    산호초 표면 아래서.
그녀 삶은 평생
    귀가 들리지 않는 미스 룰라를 돌보는 데 쓰였고,
룰라가 주방 식탁에서 식사할 때
본인은 부엌 싱크대에서 먹었다.
장례식 날 하늘은 달걀흰자처럼 창백했고
    얼굴들은 흑담비처럼 어두웠다.

오늘 밤 달빛은 분홍색 밀랍 장미가
녹는 문제를 덜어주리라,
    미스 룰라가 잃은 것들을 표시하려고 한 줄로 세워놓은
모래 채운 양철 깡통에 심은 장미들을.
    누가 소리 질러 그녀를 이해시킬 것인가?
등대는 육지와 바다를 뒤져 다른 누구를 찾다가
쿠치의 무덤을 발견하고는
대수롭지 않은 일로 여길 것이다. 바다는 절박한 나머지
    연달아 파도를 일으키겠고.

유색인 가수를 위한 노래

I

빨랫줄에 빨래가 널려 있지만
　　내 것이 아니야.
눈에 보이는 어떤 것도
　　내 소유가 아니야.
이웃은 안테나 달린 라디오가 있지만
　　우리는 작은 휴대용 라디오뿐.
그들은 옷장 공간도 넉넉하지만
　　우리는 여행 가방 하나뿐.

나는 말하지, "르로이, 우리 빚이 얼마나 돼?
뭔가 이해가 안 가.
가진 게 많을수록 더 많이 쓰게 되네…"
그러면 그는 이렇게 대답할 뿐, "어서 가자고."
르로이, 당신 이제 너무 많이 버는구나.

뒷마당을 보면서 앉아 있자니
　　참으로 답답해.
그의 달러와 센트로 우리가 얻은 게 뭐지?
　　ㅡ울타리 옆 병 무더기.

그는 믿음직스럽고 다정하지만
　　호기심도 참 많은 사람이라
많은 것을 보아왔고, 나머지도 다 보겠지.
　　내가 한마디 하면

르로이는 얼굴을 찌푸리며 대꾸하지,
"자기야, 벌면 쓰는 거야.
세상은 넓고 아직도 뻗어가는 중이라고…
다음 마을에 가면 일자리를 구할 거야."
르로이, 당신 이제 너무 많이 버는구나.

　　II

이제 그만둘 때가 되었어.
　　그렇게 끝나는 법이야.
　　그는 다른 친구들과 떠났지.
　　변명할 필요도 없었어,
이번 일은 전적으로 그의 잘못이니까.
　　비와 어둠 너머로 그의 얼굴이 보여.
　　길 건너 플로시네 집이야.
　　그는 피콜로* 연주를 들으며
　　따스한 분홍빛 속에서 술을 마시고 있어.

이제 그만둘 때가 되었어.
나는 그가 바렐라와 나란히 걷는 걸 보고

우산으로 두 번 후려쳤어.
이번 일은 내 잘못일 수도 있지만,
그래도 이제 그만둘 때가 되었어.

가서 와인이나 마시고 취하셔.
    피콜로나 들으셔.
    당신과의 소란이라면 지긋지긋하니까.
    이제 내 갈 길을 찾아갈 거야.
오늘 밤 버스를 타고 떠날 거야.
    검게 젖은 고속도로를 타고 멀리멀리
    달리고 또 달려 돌아오지 않을 거야.
    버스를 타고 가서
    나만 보는 사람을 찾을 거야.

이제 그만둘 때가 되었어.
차비로 15달러를 빌렸으니
어디로든 떠날 거야.
이번 일은 전적으로 그의 잘못이야.
이제 그만둘 때가 되었어.

    III

자장가.
어른과 아이가
내려앉아 쉰다.

바다에선 큰 배가 가슴에 납을 품고
가라앉아 죽는다.

자장가.
나라들아 분노하라,
나라들아 몰락하라.
요람의 그림자가 벽에
거대한 새장을 이룬다.

자장가.
계속 잠들라,
전쟁은 곧 끝나리니.
어리석고 하찮은 장난감은 내려놓고,
달을 집어 들어라.

자장가.
사람들이 너를 보고
제정신이 아니라고 말해도
마음 쓰지 말 것, 그래봐야
아무 일도 일어나지 않으므로.

자장가.
어른과 아이가
내려앉아 쉰다.
바다에선 큰 배가 가슴에 납을 품고
가라앉아 죽는다.

IV

나뭇잎 사이, 저 그늘진 잎사귀 속에서
반짝이는 게 뭐지?
누군가 비탄에 잠겨 흘리는 눈물처럼,
잎사귀 속에서 반짝이고 반짝이는 저것은?

이슬일까, 눈물일까,
이슬 아니면 눈물,
오랫동안 거기 매달린
묵직한 눈물 이슬 같은 저것은?

이윽고 그 이슬이 떨어지기 시작한다.
또르르 굴러떨어진다.
어쩌면 그것은 눈물이 아닐지도 몰라.
저길 봐, 그것이 굴러떨어지잖아.

들어봐, 그것이 땅에 떨어지는 소리를,
들어봐, 온 사방에.
땅을 때리고 또 때리는 그 소리는
눈물의 소리가 아니야.

바라봐, 그것이 씨앗처럼 눕는 것을,
검은 씨앗처럼.
바라봐, 그것이 잡초처럼 뿌리내리는 것을,
잡초보다 빠르게, 더 빠르게,

모든 빛나는 씨앗은 뿌리를,
음모의 뿌리를 내리는데,
그 음모의 뿌리에서
어떤 이상한 꽃이나 열매가 자라날까?

열매일까, 꽃일까? 그것은 얼굴이다.
그래, 얼굴이다.
그 어둡고 음울한 곳에서
씨앗마다 얼굴로 자란다.

꿈속의 군대처럼
얼굴들은, 점점 더
어둡게 보인다, 꿈처럼.
하지만 너무 현실 같아서 꿈이라 하기 어렵다.

* 주크박스—원주.

조응

마저리 카 스티븐스*를 기억하며

매일은 이토록 많은 의식으로
시작한다, 새들과 종소리들,
공장의 호루라기 소리와 함께.
우리 눈이 처음 열린 곳에 이토록 눈부신 백금 하늘이
이토록 찬란한 벽이 있어
순간 우리는 의아해진다,
"음악은 어디에서 오는 거지, 저 에너지는?
오늘은 우리가 놓치고 만
형언할 수 없는 존재를 위한 날인가?" 오, 그가 즉시
나타나 지상의 본성을 취하고서
    곧바로, 곧바로
    긴 음모의 희생자로 전락하고,
    기억과 필멸의
    필멸의 피로를 떠안는다.

더 천천히 시야에 들어와
얼룩진 얼굴들 위로 쏟아지면서,
자신의 모든 빛을 응축시켜, 어두워지면서,
모든 꿈은 그런 모양으로
그에게 낭비되었지만,
우리 사용과 남용을 견디며,
몸들의 흐름 속으로 가라앉아,

계급의 흐름 속으로 가라앉아,
등불도 책도 없는, 지친
공원의 거지에게, 저녁으로 가라앉아
    웅대한 연구를 준비한다,
    매일의 불타는
    사건을, 끝없는,
    끝없는 찬성** 속에서.

---

* 1941-1946년 비숍이 키웨스트의 화이트 스트리트 624번지에 살던
당시 같은 집에 살았고 함께 멕시코로 여행을 다녀오기도 했던 여성이다.
** 이때 찬성(assent)은 상승(ascent)과 발음이 같아, 시인은 앞부분에
반복된 하강의 이미지와 대비시키고 있다.

어느 차가운 봄

A Cold Spring (1955)

닥터 애니 바우먼*에게

* 비숍의 주치의이자 친구로 비숍이 브라질과 뉴욕에 머물 때 개인적인 서신을 자주 주고받았다.

어느 차가운 봄

메릴랜드의 제인 듀이*에게

봄만큼 아름다운 것은 없다.
— 제라드 맨리 홉킨스

어느 차가운 봄.
제비꽃이 잔디밭에 생채기로 솟았다.
두 주일이 넘도록 나무들은 망설였고,
작은 잎들은 기다렸다,
제 특징을 조심스레 드러내면서.
마침내 우중충한 녹색 먼지가
너의 크고 목적 없는 언덕마다 내려앉았다.
어느 날, 쌀쌀한 흰 햇살 속에서
한 언덕 옆에서 송아지가 태어났다.
어미는 울음을 그치고
오래도록 태반을 먹었다,
그 비참한 깃발을,
그러나 송아지는 곧 일어나
즐거워지려는 듯 보였다.

다음 날은
훨씬 더 따뜻했다.
초록 물이 든 흰색 층층나무가 숲에 스며들었고,
꽃잎마다 선명하게 담배꽁초에 그을린 듯 보였으며,

그 옆에 흐릿한 붉은 꽃봉오리는
미동도 없이 서 있었지만, 칠할 수 있는 어떤 색깔보다
더 생동하는 듯 보였다.
사슴 네 마리가 너의 울타리를 뛰어넘는 연습을 했다.
어린 참나무 잎은 진지한 참나무 전체에서 흔들렸다.
멧종다리는 여름을 준비했고,
단풍나무에선 보색인 홍관조가
채찍을 휘두르자, 잠든 이 깨어나
남쪽에서부터 초록빛 팔다리를 쭉쭉 내뻗었다.
라일락은 정수리부터 하얗게 피어났고,
어느 날 눈처럼 떨어졌다.
이제, 저녁이면
초승달이 떠오른다.
언덕은 더 보드라워져, 긴 풀 떼장이
소똥 무더기의 위치를 드러낸다.
황소개구리가 운다,
묵직한 엄지가 느슨한 줄을 뜯는 소리로.
빛 아래, 너의 흰색 앞문에
작은 나방들이 중국 부채처럼
납작하게 붙어 있다, 은빛 혹은 연노랑,
주황, 회색 위 은색과 은박으로.
이제, 무성한 풀밭에서 반딧불이가
떠오르기 시작한다.
위로, 또 아래로, 다시 위로.
상승하는 비행에 불을 붙이고
같은 높이로 동시에 떠다닌다.
─꼭 샴페인 속 거품같이.

—시간이 지나면 훨씬 더 높이 솟아오른다.
이제 너의 그늘진 초원은 이 특별하게 빛나는 공물을
바칠 수 있으리라,
여름 내내 매일 저녁.

* 물리학자로 1939년 키웨스트에서 비숍을 만나 우정을 쌓았다.
  듀이는 메릴랜드주 애버딘의 무기 성능 시험장에서 '종말 탄도학'을
  담당했는데 듀이가 시험을 하는 동안 비숍이 머무는 15마일 떨어진
  듀이의 농장에선 시골 풍경이 살짝 흔들리다가 희미하게 '쾅' 소리가
  나곤 한다고 비숍이 로버트 로웰에게 쓴 편지에 기록되어 있다.

2000점 이상의 삽화와 주석 모음

우리 여행은 이랬어야 했어,
진지하고, 아로새길 수 있게.
세계 7대 불가사의는 지겹고
약간 익숙하지만, 수많은 장면은
여전히 슬프고 고요하며,
이국적이잖아. 종종 쪼그려 앉은 아랍인이,
혹은 아랍인 무리가 어쩌면,
기독교 제국에 맞서 음모를 꾸미고 있을지도 모르지만,
한편에선 쭉 뻗은 팔과 손으로
무덤과 구덩이와 분묘를 가리키잖아.
대추야자 가지는 줄칼처럼 보이고,
우물이 말라버린 자갈 안뜰은
도표와도 같으며, 벽돌로 쌓은 수로는
크고 뚜렷하니, 인물은
역사나 신학 속으로 멀리 사라져,
낙타나 믿음직한 말과 함께 사라지지.
언제나 침묵, 몸짓, 그리고 유적 위
보이지 않는 실에 매달린 새들의 작은 점들,
혹은 실에 이끌려 엄숙히 피어오르는 연기가 있어.
단독 페이지로 주어진 장면이든 점묘된 회색 배경에
대각선으로 배열된 직사각형
또는 원으로 구성된 페이지든,
혹은 어두운 반월 모양과

장식 문자의 혼란 속에 갇힌 모습이든,
천천히 곱씹으면 전부 알아서 해석이 될 거야.
끌로 새긴 선들을 따라, 묵직한 눈물이 떨어지면
선들이 따로따로 움직여
모래 위 파문처럼,
흩어지는 폭풍처럼, 신들의 지문처럼 퍼져가,
고통스럽게, 마침내,
물속 무지개처럼 희고 푸른 빛을 피워 올릴 거야.

세인트존스 해협에 들어서자
염소들의 울음소리가 배에 닿아 마음을 울렸어.
우린 불그스름한 염소들이 절벽으로 뛰어오르는 걸 봤지,
안개에 젖은 잡초와 좁은잎해란초 속에서.
또 성베드로대성당엔 바람이 불고 해가 번뜩였어.
사람들이 빠르게, 목적을 지니고, 줄을 지어
검은 줄무늬 대광장을 가로질렀어, 개미처럼.
멕시코에선 죽은 자가 파란 통로에
누워 있었지, 죽은 화산들이
부활절 백합처럼 반짝거렸고.
주크박스가 계속 〈아아, 할리스코여!〉를 연주했어.
그리고 볼루빌리스에는 아름다운 양귀비꽃이
모자이크로 피어 있었지. 늙고 살찐 가이드가 눈짓을
　　　보냈어.
딩글 항구에 황금빛 저녁이 길게 펼쳐졌고
썩어가는 노후선이 축축한 벨벳 천을 매달고 있었지.
영국 여자가 차를 따르며 우리에게
공작부인이 아기를 낳을 거라고 알려줬잖아.
그리고 마라케시의 사창가에서

작게 마맛자국이 있는 창녀들이
머리에 차 쟁반을 이고 균형을 잡으며
벨리댄스를 추었다가, 옷을 벗어 던지고
우리 무릎에 달려들어 킬킬 웃으며
담배를 달라고 했지. 그곳 근처에서
나는 가장 무서운 것을 보았어.
성스러운 무덤, 특별히 성스러워 보이지는 않았지만,
분홍 사막에서 불어오는 모든 바람을 향해 열린
열쇠 구멍 모양의 돌 아치 아래 무리 중 하나를.
그것은 열려 있고, 모래투성이에, 견고한 권고의 말이
새겨진 대리석 구유, 흩어진 소의 이빨처럼
누렇게 변해 있었지.
반은 먼지로 채워졌는데, 심지어 한때
거기 누워 있던 가난한 이교도 예언가의 먼지도 아니었어.
멋진 두건 망토를 입은 카두르가 즐겁게 바라보았지.

모든 게 오직 '그리고'와 '그리고'로 연결되었어.
책을 펼쳐봐. (페이지 가장자리가 닳아
손끝에 금박 가루가 묻어나네.)
묵직한 책을 펼쳐봐. 우린 왜 볼 수 없었을까?
그 옛날의 예수 탄생을?
—밤이 조금 열리고 바위들이 빛으로 깨지면,
흔들림 없이 숨 쉬지 않는 불꽃이
색도, 불티도 없이 자유롭게 지푸라기를 먹어치우는 동안,
그 안에서 편히 잠든 한 가족과 반려동물들을,
—우리는 보고 또 보다가 순수한 시선을 잃고 말았어.

만

[내 생일에]

이렇게 썰물이면 물은 얼마나 맑은지.
부서지는 개흙 결이 하얗게 솟아나 반짝이고
바짝 마른 배들, 말뚝도 성냥처럼 말랐다.
물은 흡수할 뿐 흡수되지 않아,
만의 물은 어떤 것도 적시지 않은 채
최대한 낮춘 가스 불꽃색을 띤다.
물이 가스로 변하는 냄새도 난다. 보들레르였다면
물이 마림바 소리로 변하는 것도 들을 수 있었을 테다.
부두 끝에서 작업 중인 작은 황토색 준설선은
이미 바싹 마른 엇박자 클라베스를 연주한다.
새들은 거대하다. 펠리컨은 이 특이한 가스를 향해
필요 이상으로 거세게 충돌하는데,
성과도 거의 없이
유머러스한 팔꿈치로 밀치며 떠나가는
그 모양이 내겐 꼭 곡괭이로 보인다.
흑백의 군함새는
잡히지 않는 바람을 타고 순항하다가
꼬리를 가위처럼 벌리고 곡선으로 날거나
가슴뼈처럼 떨릴 때까지 꼬리를 팽팽히 조인다.
볼품없는 스펀지 배들이
허수아비 작살과 갈고리를 꼿꼿이 세우고
스펀지 거품으로 장식한 채

기꺼운 리트리버처럼 다가온다.
부두에는 닭장 철망이 둘러쳐져 있는데
거기 중국 식당에 팔려나갈
청회색 상어 꼬리가
작은 쟁기처럼 반짝이며 말라간다.
작은 흰색 배 몇 척이 여전히 서로 포개어 있거나,
옆으로 누워 부서져 있는데,
끔찍했던 지난 폭풍에서 구조되지 못했거나, 어쩌면 영영 구조될 일 없는 그 모습이
찢어져 열린 채로 답장을 받지 못한 편지들 같다.
만에는 오래된 서신들이 흩어져 있다.
딸깍. 딸깍. 준설선이 가면서
물을 흠뻑 머금은 개흙을 한입 가득 끌어 올린다.
모든 어수선한 활동이 계속되는데,
무섭지만 명랑하다.

여름의 꿈

축 처진 부두에는
배가 별로 들어오지 못한다.
인구라곤 거인 두 명,
바보 하나, 난쟁이 하나,

온화한 상점 주인이
카운터 뒤에서 잠들었고
우리의 친절한 집주인—
그녀의 재단사가 난쟁이였다.

바보는 블랙베리를 따는 것으로
즐거운 시간을 보냈지만
그 후에는 전부 버렸다.
쪼그라든 재단사가 미소 지었다.

바다 옆에 고등어처럼
푸른빛으로 누워 있는
우리 하숙집은 눈물을 흘린 듯
줄줄이 얼룩졌다.

특이한 제라늄이
앞쪽 창문 가득 피었고,

바닥은 다양한 리놀륨으로
반들거렸다.

매일 밤 우리는
뿔부엉이 울음소리를 기다렸다.
뿔 달린 램프 불꽃 속에서
벽지가 반짝였다.

말을 더듬는 거인은
하숙집 주인의 아들로,
계단 위에서
오래된 문법에 관해 투덜거렸다.

그는 뚱했지만,
그녀는 명랑했다.
침실은 추웠고,
깃털 침대는 가까웠다.

우리는 어둠 속에서
몽유하는 개울 소리에 깨어났다.
개울은 바다에 가까워지며
여전히 소리 내어 꿈을 꾸었다.

생선 창고에서

쌀쌀한 저녁인데도
어느 생선 창고 아래에서
한 노인이 그물을 뜨고 있다.
땅거미 속에서 그물은 거의 보이지 않을 정도로
짙은 자주색과 갈색을 띠고 있고
노인의 북은 닳아 매끄럽게 윤이 난다.
공기에 대구 냄새가 강하게 배어 있어
콧물이 흐르고 눈물이 날 정도다.
다섯 개의 생선 창고는 경사가 가파른 지붕이 있고,
미끄럼 방지 쐐기를 박아놓은 좁은 건널 판자가
박공지붕 창고까지 이어져
손수레가 오르내리기에 좋다.
모든 게 은색이다. 묵직한 바다 수면은
천천히 부풀며 넘칠 듯한 기세로
불투명하지만, 깔쭉깔쭉한
바위 사이 흩어진 벤치와
바닷가재 통발과 돛대의 은색은
해안 쪽 벽에 에메랄드빛 이끼가 자라는
작고 오래된 건물처럼
눈에 띄게 반투명하다.
큼직한 생선 통은 아름다운
청어 비늘로 완전히 덮였고

손수레 역시
크림 같은 무지갯빛 갑옷으로 덮였는데,
작은 무지갯빛 파리들이 그 위를 기어다닌다.
건물 뒤 작은 경사면에,
드문드문 빛나는 풀밭 위에,
아주 오래된 목제 닻 감개가 하나 있는데,
금이 가고 길쭉한 두 개의 퇴색한 손잡이가 달렸고,
쇠가 녹슨 곳에
말라붙은 피처럼 울적한 얼룩이 보인다.
노인은 럭키스트라이크 담배를 받아 든다.
그는 내 할아버지의 친구였다.
우리는 어종 감소와
대구와 청어에 관해 이야기를 나누고
그사이 그는 청어 배가 들어오길 기다린다.
그의 조끼와 엄지에 반짝이가 있다.
그는 칼날이 거의 닳은
오래된 검은 칼로 무수한 물고기에서 나온
주요한 아름다움을, 비늘들을 긁어냈다.

저 아래 물가에, 배를
끌어 올리는 곳에, 물속으로 내려가는
긴 경사로가 있고, 거기 가느다란 은색
나무줄기가 회색 돌 위에
수평으로 놓여 있다,
1, 2미터 간격으로.

그 원소는 차갑고 어둡고 깊고 완전히 투명해

어떤 인간도 감당할 수 없다.
물고기와 물개만이 견딜 수 있을 뿐… 특히 어떤 물개를
나는 저녁마다 보았다.
녀석이 내게 호기심을 보였다. 음악에도 흥미를 보였다.
나처럼 완전한 몰입을 신봉해서
나는 녀석에게 침례교 찬송가를 불러주었다.
나는 또한 〈내 주는 강한 성이요〉도 불러주었다.
그는 물속에서 일어나 나를 골똘히
보았고, 머리를 조금 움직였다.
그러더니 사라졌다가, 거의 같은 자리에서
갑자기 나타났는데, 마치 더 나은 판단에 반박하듯
어깨를 조금 으쓱해 보였다.
차갑고 어둡고 깊고 완전히 투명한,
맑은 회색의 얼음 같은 물… 우리 뒤, 뒤쪽에
위엄 있는 큰 전나무들이 시작된다.
푸르스름하게, 제 그림자들과 어울리며,
수백만 그루의 크리스마스트리가 서서
크리스마스를 기다린다. 물은 회색과 청회색 둥근
돌들 위에 떠 있는 것처럼 보인다.
나는 보고 또 보았다, 그것을, 같은 바다를, 돌들 위에서
아주 살짝 무심하게 흔들리는,
돌들 위 얼음처럼 자유로운 바다를,
돌들 위 또 세계 위의 바다를.
손을 담그면
손목이 즉시 아파오고
뼈가 욱신거리기 시작하고 손은
불타오를 것이다, 마치 물이 돌을 연료로 태워

어두운 회색 불꽃으로 타오르는 불로 변해버린 것처럼.
맛을 보면 처음에는 쓴맛이 나고
이윽고 짭짤하고, 그리고 확실하게 혀를 태울 것이다.
우리가 지식을 상상할 때도 이와 같다.
어둡고, 짜고, 맑고, 움직이고, 완전히 자유롭다.
세계의 차갑고 단단한 입에서
끌려 나와, 바위의 가슴에서 유래하여,
영영, 흐르고 이끌린다. 그리하여
우리 지식은 역사적이며, 흐르고 또 흘러간다.

케이프브레턴

높은 "새들의 섬", 시부와 허트퍼드에선
큰부리바다오리들과 우스꽝스럽게 생긴 바다오리들이
전부 육지를 등지고
갈색 풀 무성한 절벽 가에 띄엄띄엄 엄숙하게 줄지어 섰고,
그 사이 방목된 양 몇 마리가 "매애 매애" 하고 운다.
(가끔 비행기에 겁을 먹고 우르르 달아나다가
바다나 바위 위로 떨어지기도 한다.)
비단처럼 부드러운 물결이 엮이고 엮여
사방의 안개 밑으로 사라졌다가,
이따금 가마우지의 흠뻑 젖은 뱀 같은 목이
꿰뚫고 솟구치는데,
어디선가 안개는 빠르면서도 급하지 않은
모터보트의 맥박을 빨아들인다.

같은 안개가 육지 계곡과 협곡 사이에
얇은 층을 이루며 걸려 있다.
마치 썩어가는 눈과 얼음이
영혼으로 빨려 들어간 것 같다. 빙하 유령들은
흐릿하게 죽어 있는 진한 공작색으로
첩첩한 전나무와 가문비나무, 낙엽송 사이를 떠도는데—
숲은 층마다 불규칙하고 불안한 톱니 모양 가장자리로

다음 층과 구별되고,
서로 비슷하지만, 입체경처럼 확실히 다르다.

거친 도로가 해안 가장자리를 따라 기어간다.
길 위에 드문드문 작은 노란색 불도저들이 서 있지만,
오늘은 일요일이라 운전자가 없다.
작고 하얀 교회들이 잃어버린 석영 화살촉처럼
엉켜 있는 언덕 사이에 내려앉아 있다.
도로는 버려진 것처럼 보인다.
그게 무엇이든 풍광이 가진 의미는 버려진 것처럼 보인다,
도로 내면 깊은 곳에 감춰져 있는 게 아니라면.
우리가 볼 수 없는 곳,
깊은 호수가 있다고 알려진 곳,
폐쇄된 오솔길과 거대한 암석 산들,
널찍한 불탄 숲이 돌로 돌에 새긴 경이로운 경전처럼
회색의 긁힌 자국으로 서 있는 곳에—
이제 이 지역은 자신을 설명할 말이 남아 있지 않다.
오직 가벼운 수천 마리 멧종다리의 노랫소리만이
자유롭고 무심하게 안개를 뚫고 떠올라,
갈색으로 젖은, 섬세한, 찢어진 그물에 걸렸을 뿐.

작은 버스가 위아래로 들썩이며 달려온다,
사람들이 발판까지 가득 차서.
(평일에는 식료품, 여분의 자동차 부품, 펌프 부품을 실어
 나르지만
오늘은 전도사 두 명만 추가로 태웠는데, 한 명은
 옷걸이에 건 외투를 들고 있다.)

버스는 닫힌 가판대와 닫힌 학교를 지나가는데,
오늘은 하얀 도자기 문손잡이가 달린 거친 깃대에
깃발조차 나부끼지 않는다.
버스가 멈추고, 한 남자가 아기를 안고 내리더니,
울타리를 넘어 작고 가파른 초원을 내려간다.
눈꽃 같은 데이지가 초라함을 드러내는 초원을 지나,
남자는 물가 옆 보이지 않는 집으로 향한다.

새들은 계속 노래하고, 송아지는 울고, 버스는 출발한다.
얇은 안개가
꿈의 하얀 돌연변이를 따라간다.
오래된 냉기가 어두운 시냇물에 파문을 일으킨다.

의회도서관에서 바라본
국회의사당의 전경

빛은 왼쪽에서 왼쪽으로 움직이며
돔 위를 무겁고 조악하게 비춘다.
작은 반달 창이 빛을 옆으로 밀어내고
사팔눈의 크고 늙은 흰색 말처럼
멍하니 측면을 응시한다.

동쪽 계단에서 공군 악대가
푸른 공군 제복을 입고
큰 소리로 힘차게 연주하지만—이상도 하지—
음악이 제대로 들려오지 않는다.

음악은 끊어졌다 이어졌다, 희미하다가도
    날카로워지다가,
다시 침묵하는데, 그런데도 바람은 없다.
거대한 나무들이 그 사이에 서 있다.
아마도 나무들이 개입한 모양이다.

음악을 제 잎 속에, 사금처럼,
커다란 잎마다 축 늘어질 때까지 잡아둔 게다.
작은 깃발들이 쉬지 않고
축 처진 줄무늬를 공중에 나부끼는데,
군악대의 노력은 거기서 사라진다.

위대한 그늘이여, 한쪽으로 비켜서,
음악에 자리를 내어다오.
거기 모인 금관악기들이 울리고 싶어 한다.
쾅—쾅.

불면증

화장대 거울 속 달은
수백만 킬로미터 너머를 바라본다,
(아마도 스스로 자부심을 느끼며,
하지만 절대, 절대로 미소 짓지 않는다)
잠 못 들고 아득히 멀리, 혹은
달은 낮에 자는지.

우주로부터 버림받으면,
달은 지옥에나 가버려, 말할 것이고,
곧장 물웅덩이나 거울을 발견하고는,
그 안에 깃들 것이다.
그러니 걱정 따위 거미줄로 싸서
우물에 처박아 버리길.

뒤집힌 세상에서는,
왼쪽이 항상 오른쪽이고,
그림자가 진짜 몸이며,
우리는 밤새 깨어 있고,
하늘은 지금 바다 깊이만큼 얕으며,
당신은 나를 사랑한다.

탕아

그가 기대어 살던 갈색의 거대한 냄새는
너무 가까워, 숨결과 거친 털로는
판단하기 어려웠다. 바닥은 썩었고, 축사는
유리처럼 매끈한 똥이 반쯤 발려 있었다.
빛에 얻어맞으면서도 자존심만 센 돼지들이
움직이는 주둥이 위로 명랑하게 그를 바라본다―
심지어 늘 제 새끼를 잡아먹는 암퇘지조차―
그는 메스꺼워져 암퇘지 머리를 긁어주려 몸을 숙였다.
그러나 이따금 밤새 술을 퍼마신 다음 날 아침에는
(그는 작은 벽장 뒤에 술을 숨겨두었다),
일출에 농장 진흙이 붉게 번들거렸고
불타는 웅덩이가 그의 마음을 다독이는 것만 같았다.
그러면 이 망명을 일 년쯤, 아니 그 이상도
견딜 수 있으리라 생각했다.

하지만 저녁이면 샛별이 경고를 보냈다.
어두워지면 그를 고용한 농부가 찾아와
소와 말을 헛간에 몰아넣었다.
헛간은 위쪽에 건초 더미가 구름처럼 드리웠고
쇠스랑은 빛을 받아 끝이 살짝 갈라진 번개를 일으켰으며
노아의 방주처럼 안온하고 친밀했다.
돼지들이 작은 발을 쭉 뻗고 코를 골았다.

등불이—태양처럼 멀어지며—
진흙 위에 후광을 드리웠다.
미끄러운 판자를 따라 양동이를 들고 갈 때,
그는 박쥐들의 불안한 비행을 느꼈다.
자기도 모르는 사이 몸을 떠는 통찰이
그를 건드렸다. 그러나 마침내 집으로 돌아가리라
마음을 굳히기까지 오랜 시간이 걸렸다.

파우스티나 혹은 바위장미*

파우스티나가 키우는
예, 어느 미친 집
미친 침대 위,
이 빠진 에나멜로 만든, 허술한 침대에서,
그녀의 머리 위에 피어났어요,
살짝 장미를 닮은 네 개의
    꽃의 형상이요,

이렇게 백인 여자 홀로
속삭인다. 바닥 널빤지는 여기저기
꺼졌다. 수건을 덮어놓은
뒤틀린 탁자 위엔
베이비파우더 한 통과
다섯 개의 종이 상자에 든
    작은 알약들이 있는데,

대부분이 반쯤 굳어버렸다.
손님은 앉아 창 가리개 위에 반짝이는
이슬을 바라보는데
거기 두 마리의 땅반딧불이가
물에 젖은 녹색으로 불타고 있다.
한편 80와트 전구는
    우리 모두를 배신하며,

벽지에 박힌 압정
머리뿐만 아니라
제비꽃 돋을새김과
운모 비늘이 반짝거리는
종이 벽 주머니까지 비추면서
마비 상태에 빠진 우리 내면의
    걱정까지 드러낸다.

빛은 고운 백발과,
목 부분에 속옷이 보이는
가운과,
그녀가 쥐고는 있지만 휘두르지는 못하는
낡은 야자수 모양 부채와,
시든 장미처럼 흐트러진 그녀의
    흰 이불보도 드러낸다.

어수선한 트로피들,
빛바랜 깃발들의 방!
―누더기 같은 해진 의복들이
의자와 벽걸이에 걸쳐진 채
각각 흰색 음영을 보태어
눈부시지 않은
    혼란을 일으킨다.

손님이 당황한 건
고통 때문도 늙음 때문도
심지어 적나라함 때문도 아니다.
어쩌면 그 반대일지도 모른다.
이윽고 들려오는 속삭임,
"파우스티나, 파우스티나…"
    "¡갑니다, 마님!(¡Vengo, señora!)"

맨발로 바닥을 끌며
파우스티나가 침대로 다가온다.
그녀는 베이비파우더를,
알약을, '크림' 통을,
흰색 죽 그릇을 내보이며
제 몫으로 코냑 한 잔을
    요청한다,

자신의 고용 조건을
불평하고 설명하면서.
그녀는 다른 이를 향해 몸을 숙인다.
그녀의 불길하고도 친절한 얼굴은
잔혹함과 검음이 공존하는
수수께끼를 드러낸다.
    오, 이것은

마침내 찾아온 자유인가, 평생
바라온 시간과 침묵,
보호와 휴식의 꿈인가?
아니면 최악의,
상상조차 할 수 없는 악몽인가?
감히 일 초 이상 지속되길
    결코 바란 적 없는 나쁜 꿈인가?

질문의 예리함은
즉시 갈라져 뱀의 혀처럼
나불거리기 시작한다.
점점 더 흐려지고, 무뎌지고, 부드러워지고,
분리되고, 떨어져, 우리의 문제들은
무기력하게
    증식된다.

알 길이 없다.
눈은 둘 중 하나라고만 말할 뿐이다.
마침내 손님이 일어나,
어색하게 녹슬고 구멍 뚫린
장미 다발을 내밀며
어쩌자고 이토록 많은 꽃잎이 생겨났는지
    궁금해한다.

---

* 시스투스(cistus) 또는 시스투스과 꽃. 암석정원 장식으로 잘 어울리고 장미를 닮아 '록로즈(rock rose)', 바위장미라 불린다.

배릭 스트리트

밤이면 공장들이
깨어나려 애쓰고,
파이프로 뒤엉킨
가련하고 불안한 건물들이
일을 시작한다.
숨을 쉬려고 애쓰며,
가시털이 박힌
길쭉한 콧구멍으로
악취를 내뿜기도 하면서
그리고 나는 너를 팔고 너는 나를 팔고
당연히 너를 팔면, 내 사랑, 너도 나를 팔겠지.

어떤 층에는
어떤 경이가 있다.
창백하고 더러운 빛,
어떤 빛은 빙산이 녹지 않게
붙들고 있다.
보라, 저 기계적인 달들을,
아프면서, 누군가의 요청에 따라
차고 기울게
만들어진 달들을.
그리고 나는 너를 팔고 너는 나를 팔고
당연히 너를 팔면, 내 사랑, 너도 나를 팔겠지.

빛과 사랑의 음악이
계속된다. 인쇄기는
달력을 찍어내는 것 같고
달들은
약이나 사탕을
만드는 모양이다. 우리 침대는
그을음으로 움츠러들고
불행한 악취가
우리를 가까이 붙들어 맨다.
그리고 나는 너를 팔고 너는 나를 팔고
당연히 너를 팔면, 내 사랑, 너도 나를 팔겠지.

시 네 편

I 대화

마음속 소란이
계속 질문을 던져.
그러다 멈추고 같은 목소리로
대답을 시작하지.
누구도 그 차이를 알 수 없을 거야.

순진하지 않은 이런 대화들이 시작되면,
이윽고 감각을 자극하고,
그저 반쯤만 의미를 두지.
그러다 보면 선택의 여지가 없어지고,
그러다 보면 이해도 할 수 없어.

결국 이름 하나와
그 이름의 모든 함의가 똑같아질 때까지.

II   아침으로 향하는 비

거대한 빛의 새장이 공중에서 부서지고,
내 생각에 백만 마리쯤 되는 새가 풀려나온다.
날아오르는 거친 그림자는 다시 돌아오지 않을 테고,
모든 전선이 떨어져 내린다.
새장도, 무서운 새도 없으니, 이제
비가 밝아진다. 감옥의
수수께끼를 풀려 애썼던
창백한 얼굴은 뜻밖의 입맞춤으로 문제를 풀었는데,
남몰래 주근깨 손이 살며시 닿아왔다.

III 누군가 전화를 걸며

허비하고 허비한 시간, 더 나빠질 수도 없는
야만적인 거드름의 시간.
—화장실 창문 밖으로 전나무를 바라봐,
그 검은 침엽을, 아무 목적 없이 목질로 굳은
웅축을, 거기서 반딧불이 두 마리가
길을 잃었어.
들리는 건 지나가는 기차 소리뿐, 긴장처럼 반드시
　　지나가야 하는,
그러고 아무것도 없어. 기다려 봐.
어쩌면 지금이라도 이 시간의 주인이
나타날지도 몰라, 느긋하고 겸손한 이방인의 모습으로,
마음의 해방자로.
그리고 저 반딧불이들이
이 악몽의 나무들을 밝혀주진 못해도
어쩌면 그 사람의 초록빛 밝은 눈일지도 몰라.

IV 오 숨결

사랑받고 칭송받는 가슴 아래,
고요하고, 사실은 지루하고 맹목적으로 연결된 그곳에,
보이지는 않지만 움직이는 무언가가
비탄에 젖고, 어쩌면 살고 또 살게
하고, 지나가고 내기를 걸고,
어떤 소란 속에서 왜 억눌렸는지
나는 물결 하나조차 이해할 수 없다.
(검은 털 아홉 올이 가늘게 날아가는 모습을 보라
한쪽에 네 올이 다른 젖꼭지에 다섯 올이
거의 참을 수 없이 너의 숨결을 타고 날아간다.)
모호하지만, 우리가 공유하는 것은 분명 여기에 있고,
우리가 가져야 할 건 뭐든 그와 동등한 것들이 있으며,
어쩌면 내가 협상할 수 있고
따로 평화를 이룰 수 있는 것들이 있다 그 아래에서
그 안에서 결코 함께하지는 못하더라도.

N.Y.로 보내는 편지

루이즈 크레인*에게

다음 편지에는 전부 말해주면 좋겠어.
어디로 가려는지, 무엇을 하려는지,
연극은 어떤지, 연극이 끝난 후엔
어떤 즐거움을 또 찾고 있는지.

한밤중에 택시를 타고,
영혼을 구할 듯이 달려가는데
도로는 공원을 빙글빙글 돌고
미터기는 도덕적인 올빼미처럼 눈을 부라리고,

나무들은 정말 기이한 녹색으로 보이면서
커다란 검은 동굴 앞에 홀로 서 있는데
너는 어느새 다른 곳에 가 있었다고
모든 일이 파도처럼 일어나는 듯한 곳에,

넌 대부분의 농담을 알아듣지 못하지,
칠판 위에 문질러 지워진 비속어처럼,
노랫소리는 크지만 어딘가 흐릿하고
시간은 끔찍하게 늦어져,

브라운스톤 저택에서 나와
회색 인도와 물기 어린 거리로 나오는데,
건물 한쪽 면이 해와 함께 떠오르며
밀밭처럼 반짝였다고.

―귀리 말고 밀이야, 내 사랑. 만약
그게 밀이라 해도 네가 키운 건 아니겠지,
그래도 나는 알고 싶어
네가 무엇을 하려는지, 어디로 가려는지.

* 미국의 저명한 자선사업가로 뉴욕시의 유명 작가들과 친분이 두터웠다. 비숍과는 1930년 배서칼리지에서 만나 친해졌으며 플로리다 키웨스트에 함께 집을 사기도 했다.

언쟁

널 가까이 데려오지 못하는
혹은 데려오려 하지 않는 날들,
훨씬 더 고집스럽게
보이려는 간격이
끊임없이
나와 다투고, 다투고, 다투지만
결코 널 덜 원하거나 덜 소중히 여긴다는 증거는 아니야.

간격: 비행기 아래 펼쳐진
모든 땅을 기억해?
모래가 깊이 쌓인 흐릿한 해변이
내내
분간할 수 없이 뻗어,
내내 나의 이성이 끝나는 곳까지 뻗어 간
그 해안선을?

날들: 그리고 생각해 봐
어수선하게 흩어진 그 모든 도구를,
사실 하나하나를 가리키며
서로의 경험을 부정하는 그것들을,
그것들이 얼마나
끔찍한 달력 같았는지를,
"절대와 영원 주식회사" 증정용 달력 말이야.

우리가 따로따로 찾아야만 하는
이 목소리들의
위압적인 음성은
제압할 수 있고, 또 제압될 거야.
날들과 간격은 다시 흩어지고
사라질 거야
영원히 그리고 평온한 전장에서.

미스 메리앤 무어에게 보내는 초대장

브루클린에서 브루클린 다리를 건너, 이 맑은 아침에,
    부디 날아서 오세요.
불같이 창백한 화학약품의 구름 속에서,
    부디 날아서 오세요.
수천 개의 작은 파란색 북이 빠르게 울리는 소리에 맞춰
고등어처럼 푸른 하늘을 내려와
반짝이는 항구 물의 관중석 위로,
    부디 날아서 오세요.

뱃고동 소리, 삼각 깃발, 연기가 나부껴요. 배들이
여러 깃발로 정중하게 신호를 보내며
새들처럼 항구 전역을 오르내려요.
들어오세요: 두 개의 강이 우아하게
수없이 많은 작은 투명 젤리를
은줄 늘어진 조각 유리 장식 접시에 담고 있어요.
비행은 안전합니다. 날씨도 다 준비되었답니다.
파도는 이 맑은 아침 시처럼 솟구쳐요.
    부디 날아서 오세요.

뾰족코 검은 구두를 신고 오세요.
사파이어 장식을 길게 반짝이며,
검은 망토 가득 나비 날개와 재치 있는 농담을 담아서,

모두 몇인지 하늘이나 알 만한 천사들을
당신의 넓고 검은 모자챙 위에 태우고,
    부디 날아서 오세요.

들리지 않는 음악의 주판을 들고,
살짝 찡그린 비판의 표정으로 푸른 리본 달고서,
    부디 날아서 오세요.
사실들과 마천루가 조수 속에서 반짝이네요. 맨해튼은
이 맑은 아침 도덕으로 가득 넘쳐요.
    그러니 부디 날아서 오세요.

자연스러운 영웅심으로 하늘에 오르세요,
사건들 위로, 사악한 영화와
택시들과 만연한 부정 위로,
그사이 뿔피리가 울릴 거예요,
아직 발명되지 않아 사향노루에게나 어울릴 조용한 음악을
동시에 듣고 계실 당신의 아름다운 두 귀에,
    부디 날아서 오세요.

누구를 위해 음울한 박물관이
예의 바른 수컷 바우어새처럼 고분고분할까요?
누구를 위해 기분 좋은 사자가
공공 도서관 계단에 앉아 기다리다가,
기꺼이 몸을 일으켜 문을 지나서
도서실로 따라갈까요?
    부디 날아서 오세요.
우리는 주저앉아 올 수도 있고, 쇼핑을 갈 수도 있어요.

값을 매길 수 없는 어휘 모음을 가지고
끊임없이 틀리는 게임을 할 수도 있지요.
아니면 용감하게 한탄할 수도 있습니다. 하지만 부디
    부디 날아서 오세요.

부정적으로 구축된 왕조들이
당신 주위에서 빛을 잃고 죽어가고,
문법이 갑자기 몸을 돌려
날아가는 도요새 무리처럼 반짝이니,
    부디 날아서 오세요.

하얀 고등어 하늘빛처럼 오세요,
낮의 혜성처럼 오세요,
막연하지 않은 단어들의 긴 꼬리를 달고,
브루클린에서 브루클린 다리를 건너, 이 맑은 아침에,
    부디 날아서 오세요.

샴푸

바위 위 고요한 폭발,
이끼는, 자랍니다,
회색 동심원 다발로 퍼지면서.
그들은 달무리를 만나기로
약속했지만, 우리 기억 속에선
변함이 없습니다.

그리고 하늘은 오래오래 우릴
굽어살필 것이므로,
사랑하는 친구여, 성급하고
현실적이었던 당신,
무슨 일이 일어나는지 보세요. 시간은 순응할 수밖에 없는
존재가 아닙니까.

그대 검은 머리칼에 찬란한 대형으로 떨어지는
별똥별은
어디로 몰려갑니까,
그토록 곧게, 그토록 빠르게?
―이리 오세요, 달처럼 찌그러지고 빛나는
커다란 양철 대야에서 그대의 머리를 감겨줄게요.

여행의 질문들

Questions of Travel
(1965)

로타 지 마세두 소아리스*에게

… 내가 가진 만큼, 내가 할 수 있는
만큼 그대에게 주리니,
더 많이 줄수록 더 많이 빚지게 되네.
— 카몽이스**

* 소아리스(1910-1967)는 브라질 조경 건축가이자 도시계획가로
리우데자네이루의 플라멩구 공원 프로젝트의 담당자였고,
1951년부터 1965년까지 비숍의 연인으로 함께 살았다. 1967년 비숍과
헤어진 후 비숍을 만나기 위해 브라질에서 뉴욕으로 왔으나
항우울제 한 병을 들고 정신을 잃은 채로 발견되었다. 혼수상태에 빠진
소아리스는 며칠 후 사망했다. 비숍과 소아리스의 이야기는 2013년
브루누 바헤투 감독의 영화 〈엘리자베스 비숍의 연인〉으로 제작되었다.
** 루이스 바스 드 카몽이스(1524-1580). 포르투갈 시인으로,
궁정에서 일하다가 전투에 나가 오른쪽 눈을 잃었고 투옥과 방랑
생활을 반복하는 과정에서 서사시 『우스 루지아다스』를 썼다.

브라질

상투스에 도착

여기가 해안이다. 여기가 항구다.
여기, 수평선을 조금 맛본 뒤, 약간의 풍경이 나타난다.
비현실적인 모양에—누가 알겠는가?—자기 연민에 빠진
　　산들이,
경박한 푸른 잎 아래 슬프고 거칠게 서 있다.

그중 한 산에 작은 교회가 있다. 그리고 창고들도,
몇몇은 연한 분홍색, 혹은 푸른색으로 칠해져 있고,
어떤 것은 아마도 큰 야자수다. 아아, 여행자여,
이 나라가 그대에게 내놓으려는 대답이 고작 이건가?

다른 세상과 더 나은 삶을 향한 그대의
터무니없는 기대에 대한, 그리고 마침내 둘 다를
완전히 이해하고자 하는 욕심에 대한 대답이? 그것도
열여드레나 되는 유예 끝에 곧바로?

아침을 마저 먹어라. 작은 보트가 오고 있으니,
낡고 낯선 배가 낯설고 화려한 천 조각을 나부끼며 온다.
아, 저건 깃발이군. 한 번도 본 적이 없다.
저기 깃발이 있으리라곤 생각조차 안 해봤다.

하지만 당연히, 깃발은 늘 있었을 것이다. 또 동전들도,
지폐도. 그것들은 아직 보지 못했다.
이제 우리는 조심스럽게 뒤로 사다리를 내려간다.
나와 미스 브린이라는 동료 승객이,

녹색 커피 원두를 실으려고 대기 중인
스물여섯 척의 화물선 사이로 내려간다.
소년이여, 제발, 그 보트 갈고리를 조심해다오!
조심해! 오! 갈고리가 미스 브린의 치마에

걸렸다! 저기! 미스 브린은 일흔이 다 되었고,
퇴직한 경찰 경위이며, 키가 180센티미터,
밝고 아름다운 파란 눈과 친절한 표정을 지닌 사람.
그녀의 집은, 그러니까 집에 있을 때에는, 뉴욕의

글렌스폴스다. 자. 우리는 이제 자리에 앉았다.
세관 직원들이 영어를 할 수 있길 우리는 바라고,
우리 몫의 버번과 담배도 남았기를 희망한다.
항구는 우표나 비누처럼 필수품이지만,

어떤 인상을 남기는지는 거의 신경 쓰는 것 같지 않고
혹은 이 경우처럼 중요하지 않기 때문에,
비누 혹은 우표처럼 흐릿한 색깔을 보여줄 뿐이다—
전자처럼 닳아 없어지거나 후자처럼

우리가 배 위에서 쓴 편지를 부칠 때처럼 스르르 떨어진다.
그건 이곳의 접착제가 아주 형편없거나
더위 때문일 것이다. 우리는 곧장 상투스를 떠난다.
우리는 내륙으로 질주한다.

1952년 1월

브라질, 1502년 1월 1일

…수놓인 자연… 태피스트리 같은 풍경.
— 케네스 클라크 경 『풍경에서 예술로』 중

1월이면, 자연은 우리의 두 눈을 맞이한다,
오래전 그들의 눈을 맞이했던 것과 똑같이.
한 뼘 공간마다 초목으로 채우고—
큰 잎, 작은 잎, 거대한 잎,
푸른 잎, 청록색 잎, 올리브색 잎,
이따금 더 밝은 잎맥이나 가장자리,
혹은 새틴처럼 반들거리는 뒤집힌 잎 뒷면,
은회색으로 도드라진
괴물 고사리,
공중으로 솟아난—아니, 정확히는 잎들 사이로 솟아난—
거대한 수련 같은 꽃들
자주색, 노란색, 두 가지 노란색, 분홍색,
녹 같은 붉은색과 초록 섞인 흰색,
견고하지만 공기처럼 가볍고, 이제 막 완성되어
액자 틀에서 벗겨낸 듯 신선하다.

푸른 기운이 도는 하얀 하늘, 단순한 거미줄은
깃털 같은 세부 묘사의 배경이 되고.
짧은 곡선들, 연초록색 부서진 바퀴,

몇 그루 야자수, 가무잡잡하고 땅딸막하지만 섬세하게
거기 옆모습을 보이며 부리를 크게 벌리고 앉은
상징적인 큰 새들은 조용하다,
각자 한껏 부풀린 순색 혹은 점박이 가슴을
절반만 내보일 뿐.
그러나 전경에는 죄악이 있다.
다섯 마리 거무스름한 용들이 육중한 바위 근처에 있다.
바위들은 이끼로 덮였는데, 회색 달의 파편들이
여기저기 흩어져 포개지고,
아래쪽은 사랑스러운 지옥의 녹색 불꽃을 피우는
이끼로 위협받고,
위쪽은 비스듬하고 깔끔하게 기어오르는
사다리 덩굴에 공격당한다.
"잎사귀 하나에 예, 잎사귀 하나에 아니요"(포르투갈어로).
도마뱀들은 거의 숨을 쉬지 않는다. 모든 눈이
더 작은 암컷 도마뱀을 향한다. 등을 돌린 채
붉게 달아오른 철사처럼 빨갛고
사악한 꼬리를 꼿꼿이 쳐든 그녀에게.

이렇게 기독교인들은 못처럼 단단하고,
못처럼 작고 반짝이며, 삐걱거리는
갑옷을 입고 와서 이 모든 것을 발견했다.
낯설지도 않았다.
연인들의 산책로도, 나무 그늘도,
따 먹을 체리도, 비파 연주도 없었지만,
그럼에도 그들이 고향을 떠나올 때 이미 유행이 지나버린
부와 사치라는 오랜 꿈과—

부와 더불어 완전히 새로운 쾌락과
일치하는 곳이었다.
미사가 끝난 직후, 〈무장한 남자(L'Homme armé)〉나
혹은 비슷한 곡조를 흥얼거리며,
그들은 걸려 있는 천을 찢기 시작했다.
각자 자신만의 인디언을 하나씩 잡으려고—
언제나 그 천 뒤로 물러나고 또 물러나며
끊임없이 서로를 부르고 또 부르는(아니면 새들이
    깨어났던 걸까?)
저 괘씸한 작은 여자들을 잡으려고.

여행의 질문들

여긴 폭포가 너무 많다. 넘치는 개울들이
너무 빨리 바다로 내달리고,
산꼭대기에 너무 많은 구름이 몰려들어
냇물은 부드럽게 천천히 옆으로 넘쳐흐르며
우리 눈앞에서 폭포가 되어버린다.
—저 실개천들, 저 반짝이는 길쭉한 눈물 자국은
아직 폭포가 아니지만,
이곳의 시간으로는 한두 시대가 지나면 곧,
아마 폭포가 될 것이다.
그러나 개울과 구름이 계속 여행하고 또 여행한다면
산들은 뒤집힌 선체 모양을 한 채
진흙을 뒤집어쓰고 따개비투성이가 되리라.

집으로 가는 긴 여정을 생각해 보라.
우리는 집에 남아 이곳을 상상만 해야 했나?
오늘 우리는 어디에 있어야 할까?
가장 낯선 이 극장에서
낯선 이들의 연극을 지켜보는 게 옳은가?
우리 몸에 삶의 숨결이 붙어 있는 한
반대편의 태양을 보겠다고
서둘러 달려가려는 이 유치한 마음은 무엇인가?
세상에서 가장 작은 초록 벌새를 보겠다고?

이해할 수도 뚫을 수도 없는,
불가해한 옛 석조물을 보겠다고?
어떤 광경이건,
보자마자 언제나, 언제나 기쁨을 느끼는 것을?
오, 우리는 반드시 꿈을 꾸고
그것을 이뤄야만 하는 건가?
그리고 또 하나의 접힌 석양,
여전히 꽤 따뜻한 그것을 볼 여유가 남아 있나?

그러나 길 따라 늘어선 나무들을 보지 못했다면
분명 아쉬웠을 것이다.
사실은 과장된 그들의 아름다움을,
분홍색 옷을 입은, 고귀한 팬터마임 연기자들 같은
그 몸짓을 보지 못했다면.
—주유소에 들렀다가
기름얼룩 가득한 주유소 바닥에서
불안하게 딸각거리는
나막신 한 켤레가 만들어낸
구슬픈 두 음조의 음악을 듣지 못했다면.
(다른 나라였다면 모든 나막신을 검수했을 테고,
나막신 한 켤레는 전부 같은 음을 냈을 것이다.)
—탑이 세 개, 은색 십자가가 다섯 개인
예수회 바로크양식의 대나무 교회에서
고장 난 주유 펌프 위에서 노래하는
뚱뚱한 갈색 새의 덜 원시적인 또 다른 음악을
듣지 못했다면 아쉬웠을 것이다.
—그렇다, 결론을 내리기 어렵게 모호하더라도

수백 년 동안 존재해 온
조악하기 짝이 없는 나무 신발과
세심하고 까다롭게 깎아 만든
목제 새장의 환상들 사이
관계를 생각해 보지 않았다면 아쉬웠을 것이다.
—노래하는 새의 새장에 관해 흐릿한 서체로 쓴
역사를 공부하지 않았더라면.
—그리고 정치가들의 연설 같은
빗소리를 들어보지 못했더라면,
두 시간 동안 끊임없이 이어진 웅변을,
그랬다가 갑작스럽게 찾아온 황금빛 침묵을.
그 침묵 속에서 여행자는 공책을 꺼내 쓴다.

"우리가 그냥 집에 머물지 않고 상상의 장소로
떠나는 것은 상상력이 부족해서일까?
아니면 방 안에 그저 조용히 앉아 있어야 한다고 한
파스칼의 생각이 항상 옳은 것이 아닌 걸까?

대륙, 도시, 나라, 사회:
선택의 폭은 절대 넓지도 자유롭지도 않다.
그리고 여기든 혹은 저기든… 아니, 그냥 집에 있어야
    했나?
그 집이 어디든 간에?"

무단 점유자의 아이들

숨죽인 언덕 비탈에서
아이들이 논다, 점 같은 소녀와 소년이.
홀로, 그러나 점 같은 집 근처에서.
공중에 매달린 태양의 눈이
무심하게 깜박이다, 이윽고 거대한 빛과 그림자의
파도를 헤치고 나아간다.
춤추는 노란 점, 강아지 한 마리가
그들과 함께한다. 구름이 쌓여가고,

집 뒤로 폭풍이 쌓여간다.
아이들은 구덩이를 파며 논다.
땅은 단단하다. 그들은 아버지의 연장 하나를
써보려고 한다.
자루가 부러진 곡괭이 하나를
둘이 힘을 합쳐도 들기 어렵다.
곡괭이가 떨어져 쨍그랑 소리를 낸다. 그들의 웃음이
소나기구름 속에 빛을 퍼뜨린다.

호기심의 약한 번쩍임은
강아지의 짖음만큼이나 단순하다.
그러나 그들의 작고 녹아내릴 것만 같은,
믿을 수 없는 방주에게 하는

비의 대꾸는 명백히
메아리처럼 따라 하는 말이다.
그리고 어머니의 목소리가, 죄악처럼 추하게,
안으로 들어오라고 계속해서 불러댄다.

아이들아, 폭풍의 문턱이
너희의 진흙투성이 신발에 깔려 미끄러워졌다.
젖고 기만당한 채 너희는 서 있다.
너희보다 더 큰 집들 한가운데,
너희가 선택할 수 있고
법적 권리도 지속되는 대저택들 사이에.
그 집의 젖은 문서들은
비 새는 방에 대한 너희 권리를 간직하고 있단다.

마누에우지뉴

[브라질. 화자는 작가의 친구다.]

반은 무단 점유자, 반은 세입자(임대료는 없음)—
일종의 유산처럼: 하얀 피부,
지금 당신은 30대, 나에게
채소를 공급하기로 해놓고,
그러지 않는다. 혹은 그러지 않으려고 한다. 혹은
그 생각이 당신 머릿속에 들어가지 않는다—
카인 이후 세상에서 가장 형편없는 농부다.
내 위에 자리한 당신의 채소밭은
내 시선을 강탈한다. 당신은
은색 양배추밭 가장자리에
붉은 카네이션을 두르고, 상추와
꽃냉이를 섞어 심는다. 그런 다음
가위개미들이 몰려오거나
혹은 일주일 내내 비가 와서
다시 모든 게 망가지고
내가 당신에게 더 많은 씨앗을,
믿을 수 있는 수입 씨앗을 사주면
결국 당신은 내게
다리가 셋 달린 신비로운 당근이나
"아기보다 더 큰" 호박을 가져온다.

나는 빗줄기 너머로 당신을 본다.

내 땅 전역에서
머리와 등에
젖은 황마 자루를 쓴 채
맨발로 가볍게, 당신이 만든—
혹은 당신 아버지와 할아버지가 만든—
가파른 길을 종종걸음 치는 당신을.
나는 더는 견딜 수 없다고 느낀다.
한순간도 더는, 그래서
집 안에 들어가, 난로 옆에서,
계속 책을 읽는다.

당신은 내 전화선을 훔친다,
혹은 다른 누가. 당신은
당신 말과 당신 자신을
그리고 당신 개들과 가족을 굶긴다.
무수히 다양한 것들 사이에서
당신은 삶은 양배추 줄기를 먹는다.
언젠가 나는 당신에게 소리쳤다.
아주 큰 소리로 당장
그 감자들을 가져오라고.
당신의 구멍 난 모자가 날아가고,
당신은 나막신을 벗어 던지더니,
그 세 개의 물건을
내 발치에 삼각형으로 놔두고 갔다.
마치 당신이 내내
동화 속 농부였는데
"감자"라는 말을 듣자마자

어딘가의 왕자님이라는
당신 임무를 떠맡으러 사라진 것만 같았다.

당신에게 일어나는 일은 기이하기 짝이 없다.
당신의 암소는 "독풀"을 먹고
곧장 쓰러져 죽는다.
다른 사람 소는 그러지 않는다.
또 당신 아버지가 죽는다.
검은 벨벳 모자를 쓰고,
날개를 활짝 편 흰 갈매기처럼
수염을 기른 고귀한 노인이.
가족이 모이지만, 당신은,
아니라고 말한다, 당신은 "아버지는 죽지 않았어!
내가 아버지를 봤어. 아버지는 차가워.
사람들이 오늘 아버지를 묻을 거야.
하지만 있잖아, 나는 아버지가 죽었다고 생각하지 않아."
나는 당신에게 장례식 비용을 주고
당신은 기뻐하는 조문객들을 위해
가서 버스를 빌린다.
그래서 나는 돈을 더 건네야 하고
그러면 당신이
매일 밤 나를 위해 기도한다는 말을 들어야 한다!

그리고 당신은 다시 온다,
코를 훌쩍이고 몸을 떨면서,
손에 모자를 쥐고 구슬픈 얼굴로,
아이가 한 손에 쥔

푸른 꽃이나 흰 제비꽃처럼
새벽처럼 경솔하게,
그래서 나는 약국에 가
한 방의 페니실린 주사를 맞을 수 있게, 혹은
일렉트리컬 베이비 시럽
한 병을 더 살 수 있게
한 번 더 돈을 준다.
혹은, 씩씩하게, 당신은 우리가
"정산"이라고 부르는 것을 해결하러 온다.
두 개의 낡은 연습장을 들고,
한 표지에는 꽃이 있고,
다른 표지에는 낙타가 있다.
곧바로 혼란이 찾아온다.
당신은 소수점을 빠뜨렸다.
당신의 열은 휘청거리고,
영(0)들이 벌집처럼 나 있다.
당신은 음모를 꾸미듯 속삭인다.
숫자들이 백만 단위까지 치솟았다고.
회계장부? 그것은 꿈의 책이다.
부엌에서 우리는 함께 꿈을 꾼다,
온유한 자가 세상을 물려받을 거라고—
혹은 내 땅 몇 에이커라도.

머리에 파란색 설탕 자루를 인 채,
당신의 점심 도시락을 들고
당신의 아이들이 지상으로 나온
작은 두더지처럼 내 곁에서 달아나거나

혹은 내가 그들을 쏘기라도 한다는 듯
덤불 뒤에 웅크린다!
―친구가 되기는 불가능하다,
하지만 두 아이는 즉시
오렌지 하나나 사탕 하나를 집어 가곤 한다.

내 눈에 당신들 모두가 거기
안개 속에 엉켜 있는 게 보인다.
말라붙은 펌프처럼 울다가
갑자기 멈추는
당나귀 포르모주와 함께.
―다들 그냥 서서, 안개와
공간 사이를 응시한다.
혹은 말발굽 소리만 들리는 고요한
밤에, 희미한 달빛 속에, 내려오면
말 혹은 포르모주가
비틀비틀 뒤를 따라간다.
우리 사이에 몇 마리
크고, 부드럽고, 옅은 푸른색의
게으른 반딧불이들이 떠다닌다,
공중의 해파리처럼…

기우고 덧대고 덧댄,
당신의 아내가 당신들 모두를 덮는다.
그녀는 반복해서
(미리 대비하는 것이 중요하다는 생각으로)
당신의 밝은 파란 바지를

흰색 실로 덧댔고, 요즘은
당신 팔다리에 청사진이 휘감겨 있다.
당신은 색칠한다 — 이유는 아무도 모르지만 —
밀짚모자 테두리와
정수리 겉면에.
아마 태양 빛을 반사하려고?
아니면 어릴 때
당신의 어머니가 "마누에우지뉴,
한 가지는 명심하렴. 언제나 반드시
밀짚모자를 색칠하려무나"라고 해서?
한동안 모자는 금색이었지만,
금색이 벗겨졌다, 도금처럼.
어떤 모자는 밝은 초록색이었다. 짓궂게도
나는 당신을 엽록소 꼬마라고 불렀다.
내 손님들은 그게 재미있다고 생각했다.
지금 이 자리에서 사과한다.

당신, 무기력하고 어리석은 남자,
나는 내가 할 수 있는 만큼 당신을 사랑한다,
그렇게 생각한다. 혹은 사랑하나?
나는 칠하지 않은, 상징적인 내 모자를
당신을 향해 벗는다.
다시 한번 나는 노력하기로 약속한다.

뇌우

냉담한 노란색 새벽.
쿠아-앙!—마르고 가벼운 소리.
집이 정말로 얻어맞았다.
쾅! 유리잔이 떨어지듯 금속성 소리.
토비아스가 창문으로 뛰어들어, 침대로 들어왔다—
조용히, 그의 눈은 새하얗게 질렸고, 털은 곤두섰다.
이웃집 아이처럼 개인적이고 악의적인
천둥이 지붕을 쾅쾅 두드리기 시작했다.
분홍색 번개 한 번,
그리고 우박이 모조 진주만큼 커다란 크기로 떨어졌다.
죽은 듯이 하얀, 밀랍처럼 하얀, 차가운 우박이—
어느 그믐달 파티에서
외교관 부인들이 건넨 선물처럼—
붉은 땅 위에 녹아내린 채 쌓여 있었다.
해가 뜨고 난 뒤로도 한참 동안.
일어나 보니 전기가 합선되어 있고,
불이 꺼졌으며, 염초 냄새가 나고,
전화도 먹통이 되어 있었다.

고양이는 따뜻한 이불 속에 머물렀다.
사순절 나무들이 꽃잎을 죄 떨구어
죽은 눈 같은 진주알 사이에 보랏빛으로 젖어 끼어 있었다.

우기의 노래

감춰진, 오 짙은 안개에
감춰진
우리가 사는 집.
자석 바위 아래
비가—무지개가 가득한 곳,
피처럼 검붉은
브로멜리아, 이끼,
올빼미, 그리고 폭포수의
보푸라기가 불청객처럼
익숙하게 매달린 곳.

어둑한
물의 시기에
개울은 큰 소리로 노래한다.
거대한 고사리의
흉곽으로부터, 수증기가
쉽사리, 울창한 초목을
기어오르고, 몸을 돌려
집과 바위
모두를 가둔다,
사적인 구름 속에.

밤이면, 지붕 위에,

눈먼 빗방울이 기어가고
평범한 갈색
올빼미는 우리에게
숫자를 셀 수 있다는 증거를 남긴다.
다섯 번—언제나 다섯 번—
녀석은 발 도장을 찍고 날아간다,
날카롭게 사랑을 외치며
기어오르는
살찐 개구리들을 찾아.

집, 열린 집
하얀 이슬과
우윳빛 일출에 열린 집
은빛 물고기, 생쥐,
책벌레,
커다란 나방의
일원에게
다정한 눈빛을 주고,
벽 한쪽에 흰곰팡이가 그린
무지한 지도는,

따뜻한 숨결이
따뜻이 어루만져
검어지고 변색되어
얼룩지고 소중히 간직되니,
기뻐하라! 다음 시대는
달라질 것이다.

(오, 달라짐이란 죽음이나
두려움을 안겨주는 것, 우리의
작은 그림자 같은 삶
대부분이!) 물이 없으면

커다란 바위는
자력을 잃고 헐벗은 채,
더 이상 무지개도 비도
걸치지 않을 것이고,
용서하는 공기와
짙은 안개도 사라지고,
올빼미는 떠나고
몇몇
폭포수는 한결같은 태양 아래
시들고 말겠지.

아우코바시냐 농장
사맘바이아 농장
페트로폴리스

아르마딜로*

로버트 로웰**에게

연중 이맘때면
거의 매일 밤
허술한 불법 풍등이 나타나.
산을 타고 올라가,

이 지역에서 여전히 숭배받는
한 성인을 향해 떠오르지.
종이로 된 방들은 붉고
들락날락하는 빛으로 가득해, 심장처럼.

하늘에 닿으면
별들과 구분하기 어려워—
행성들, 그러니까—색깔이 있는 것들,
아래로 내려오는 금성이나 화성,

혹은 창백한 녹색의 행성과도. 바람이 불면
풍등은 화르르 타오르며 휘청이다, 까딱대고 요동치지만,
바람이 잔잔해지면
남십자성의 연줄 사이를 가로지르지.

멀어지고, 작아지며, 엄숙하게
영영 우리 곁을 떠나가든지,
아니면 산 정상에서 내려오는 돌풍을 만나
갑자기 위험하게 변하기도 해.

지난밤 또 풍등 하나가 떨어졌어.
집 뒤쪽 절벽에 부딪치더니
불의 새알처럼 튀어 올랐어.
불꽃이 줄줄 흘러내렸지. 우리는 보았어,

거기 둥지를 튼 올빼미 한 쌍이
검고 하얀 날개 아래쪽을 밝은 분홍빛으로 물들이며
위로 위로 솟구치는 것을.
그들은 새된 비명을 지르며 우리 시야에서 사라졌어.

오래된 올빼미 둥지는 틀림없이 타버렸겠지.
서둘러, 홀로,
반짝이는 아르마딜로도 현장을 떠났어.
장밋빛 얼룩에, 머리를 숙이고, 꼬리는 내리고.

이윽고 귀가 짧은 어린 토끼가
불쑥 튀어나와, 우리는 깜짝 놀랐어.
너무 부드러워!—고정된, 불붙은 눈을 한
만질 수 없는 한 줌의 재.

너무 예쁘고 꿈만 같은 모방!
아, 떨어지는 불과 귀를 찢는 비명과
공포, 그리고 무심코 하늘을 움켜쥐려는
무력한 갑옷의 주먹!

* 브라질에 머물던 비숍이 성 요한의 날에 날리는 풍등과 이로 인한
  산불이 자연과 동물에게 공포가 될 수 있는 모습을 보고 미의
  추구가 낳는 윤리적 문제에 질문을 던진 시로, 친구 로버트 로웰에게
  헌정했다. 로웰은 이에 대한 응답으로 「스컹크 시간」을 써서
  비숍에게 헌정했다.
** 로웰(1917-1977)은 전통적인 시에서 시작해 점차 실험적인 시로
  나아간 미국의 시인으로 앤 섹스턴, 실비아 플라스와 함께 고백시 파의
  주요한 일원으로 평가받았고, 엘리자베스 비숍과는 평생 교류하며
  영향을 주고받았다.

강사람

[아마존의 외딴 마을에서 한 남자가 사카카, 즉 물의
정령과 함께 일하는 주술사가 되기로 결심한다.
강돌고래는 초자연적 능력이 있다고 믿어지고,
루안지냐는 달과 관련한 강의 정령이며, 피라루쿠는
무게가 최대 180킬로그램에 달하는 물고기다.
이 시의 세부 사항은 찰스 왜글리의 『아마존 타운』을
바탕으로 했다.]

나는 한밤중에 일어났다.
돌고래가 말을 걸었기 때문이다.
그는 내 창문 아래
강 안개에 숨어 으르렁거렸지만,
나는 그를 얼핏 보았다—나와 닮은 남자였다.
나는 땀을 흘리며, 이불을 벗어 던졌고,
심지어 셔츠도 찢어버렸다.
나는 해먹에서 나와
벌거벗은 채 창문을 넘어 나갔다.
아내는 잠들어 코를 골았다.
앞장서는 돌고래 소리를 따라
나는 강으로 내려갔다.
달이 찬란하게 타올랐다.
마치 석유등 덮개 위로
불꽃이 너무 높이 솟아올라
타버리기 직전의 순간 같았다.
나는 강으로 내려갔다.
돌고래가 한숨을 쉬며
물속으로 미끄러져 들어가는 소리가 들렸다.

나는 거기 서서 귀를 기울였다,
그가 멀리 떠내려가며 나를 부를 때까지.
나는 강으로 걸어 들어갔다.
갑자기 물속의
문이 삐걱거리며
안쪽으로 열리더니, 물이
상인방 위까지 부풀어 올랐다.
나는 내 집을 돌아보았다.
집은 강둑에 널어놓고 잊어버린
빨랫감처럼 하얗게 빛났다.
아내도 한 번쯤 생각했지만, 나는
내가 무슨 일을 하고 있는지 알고 있었다.

그들이 내게 카샤사* 잔과
장식된 시가를 주었다.
연기가 물속에서 안개처럼
피어올랐고, 우리 숨결은
공기 방울을 내뿜지 않았다.
우리는 카샤사를 마시고 초록색
궐련을 피웠다. 방 안은
회녹색 연기로 가득 찼고,
내 머리는 더할 나위 없이 어지러웠다.
그때 키 크고 아름다운 뱀 하나가
우아한 흰색 새틴 옷을 입고
강 증기선 위 조명처럼
초록색과 금색의 커다란 눈을 반짝이며
들어와 나를 반겼다—

그렇다, 바로 루안지냐였다—
그녀는 내가 모르는 언어로
나를 칭찬했지만,
그녀가 시가 연기를 내 귀와
콧구멍에 대고 뿜자,
나는 한 마리 개처럼 이해할 수 있었다,
비록 그 말을 할 수는 없었지만.
그들이 내게 방을 하나씩 보여주었고,
나를 여기서 벨렝**까지 데려갔다가
순식간에 다시 돌아왔다.
사실 내가 어디에 다녀왔는지 잘 모르겠다.
하지만 강 아래서 수 킬로미터를 갔었다.

이제 거기 다녀온 지도 세 번째다.
나는 이제 생선을 먹지 않는다.
내 두피에는 고운 진흙이 묻어 있고
내 빗의 냄새를 맡아보면
머리카락에서 강 냄새가 난다.
내 손과 발은 차갑다.
아내는 내 얼굴이 누렇다고 말한다.
아내는 나를 위해 냄새가 고약한 차를 끓이지만
나는 몰래 차를 버린다.
달이 빛나는 밤이면
나는 다시 돌아가야 한다.
이미 몇 가지를 알고 있지만
배우려면 몇 년은 더 걸릴 것이다.
모든 게 너무 어렵다.

그들이 내게 얼룩덜룩한 방울과
연초록 산호 가지와
연기 같은 특별한 풀 몇 가지를 주었다.
(그것들은 내 카누 밑에 있다.)
달이 강을 비추면
오, 생각보다 빠르게
우리는 상류와 하류를 오간다.
여기서 저기로 여행한다.
떠다니는 카누 아래,
고리버들 덫을 곧장 통과하면서.
달이 강을 비추면
루안지냐가 파티를 연다.
나는 그 파티에 세 번 참석했다.
그녀의 방은 은처럼 빛난다,
머리 위에서 나오는 빛으로.
영화관에서처럼
끊임없이 쏟아지는 빛으로.

나는 아무도 본 적 없는
순결한 거울이 필요하다.
누구도 비춰본 적 없는 거울로
영혼의 눈을 비추어
내가 그들을 알아볼 수 있어야 한다.
가게 주인이 내게
작은 거울 상자를 권했지만,
내가 집어 들 때마다
이웃이 어깨 너머로 훔쳐보는 바람에

즉시 일을 망쳐버렸다—
거울은 망가졌고, 그저
여자애들이 입안을 들여다보거나
치아와 미소를 확인하는 일 말곤 쓸모가 없었다.

나는 왜 야망을 품으면 안 된단 말인가?
나는 진심으로
포르투나투 폼부나
루시우, 심지어
위대한 조아킹 사카카 같은
진지한 사카카가 되고 싶단 말이다.
생각해 봐라, 우리에게 필요한 모든 것은
강에서 얻을 수 있어야
마땅하다.
강은 정글의 물을 흡수한다.
나무와 식물과 바위에서,
세계의 절반에서 물을 끌어들이고,
어떤 질병의 치료제든
땅의 심장부로부터
물을 끌어온다—
찾을 방법만 알면 된다.
하지만 모든 것은
그 마법의 진흙 속에 있다.
치명적이든 무해하든,
무수한 물고기 아래,
거대한 피라루쿠들이,
거북들과 악어들이,

나무줄기들과 가라앉은 카누들이,
가재들과 함께, 전기 같은 조그만 눈을
켰다가 껐다가 하는
벌레들과 함께.
강은 소금을 들이마시고
다시 내뱉는다.
그 깊고 마법 같은 개흙 속에선
모든 게 달콤하다.

달이 하얗게 타오르고
강이 펌프를 너무 높이 올린 가스버너처럼
소리를 내면—
마치 백 명이 동시에 속삭이는 듯
빠르고 높은 속닥임이 들리면—
나는 그 아래에 있을 것이다.
거북 방울이 쉿쉿 소리를 내고
산호 가지가 신호를 보낼 때,
나는 방향을 바꿀 때마다
물고기 마법 망토를 함께 휘날리며
소원처럼 빠르게 여행할 것이다.
맥을 따라서,
강의 길고 긴 혈관을 따라서,
순수한 엘릭시르를 찾으러 갈 것이다.
대부들이여, 친척들이여,
그대들 카누가 내 머리 위에 있다.
그대들 말소리가 들린다.
그대들은 아래를 내려다보고

강바닥을 긁어볼 수는 있겠지만,
절대로 나를 잡을 수는 없다.
달이 빛나고 강이
대지를 가로지르며
아이처럼 땅을 빨아들일 때
나는 일하러 갈 것이다.
그대들에게 건강과 돈을 가져다주려고.
돌고래가 나를 선택했고
루안지냐가 그 선택을 지지했단다.

* 브라질의 전통 증류주로 사탕수수즙을 발효시켜 만든다.
** 브라질 북부 파라주의 주도. 아마존강 하구 근처에 있으며 아마존 지역으로 가는 주요 관문 중 하나다.

십이일절 아침: 당신 뜻대로*

아직 마르지 않은 흰색 페인트 초벌 칠처럼
옅은 회색 안개 너머로 모든 게 보인다.
검은 소년 발타자르, 울타리, 말,
 무너진 집이,

—모래언덕 밖으로 삐져나온 시멘트와 서까래가.
(이 하얗고 가망 없는 모래언덕을 회사는 잔디밭이라고
우긴다.) "난파선이야." 우리는 말한다. 어쩌면
 이건 난파 집일지도 모른다.

바다는 어디론가 물러나, 아무 일도 하지 않는다. 들어보라.
내쉬는 숨소리를. 희미하고, 희미하고, 희미한
(혹시 환청인가?) 도요새들의
 애끊는 울음을.

세 가닥 가시철사로 만든 울타리는 완전히 녹슬어,
세 개의 점선이 되어 희망을 품고서,
공터를 질러 앞으로 나왔다가, 이내 마음을 바꾸어 어딘가
 모퉁이를 돌아간다…

커다란 백마에게 묻지 마시길, 넌 울타리 안에 있어야 해,
밖에 있어야 해? 그는 아직도

잠들어 있다. 깨어 있어도 아마
　　여전히 혼란스러울 것이다.

그는 집보다 크다. 개성의
힘일까, 아니면 원근법으로 우두커니 서 있는 걸까?
백랍색 말, 고대의 혼합물,
　　주석, 납, 그리고 은이 섞여,

그는 약간 빛난다. 그러나 발타자르**의 머리 위에 얹힌
4갤런들이 물통이 다가오며
이 세상이 진주알인 양 계속해서 반짝이고, 나는,
　　나는

진주의 가장 밝은 부분이다! 이제 물소리가 들린다.
통 안에서, 찰싹-찰싹. 발타자르가 노래한다.
"오늘은 나의 기념일이라네." 그가 노래한다.
　　"동방박사의 날이라네."

카부프리우***

---

　* 셰익스피어의 『십이야: 당신 뜻대로』를 패러디했다. '십이야'는
　　동방박사가 아기 예수를 만나러 간 주현절 전야제를 뜻한다.
　** 동방박사 중 한 사람의 이름.
*** 브라질의 리우데자네이루주에 위치한 해안 도시.

바빌론의 도둑

아름답고 푸른 리우의 언덕 위에
    무서운 얼룩이 자란다.
리우로 왔지만 다시는 귀향할 수 없는
    가난한 이들이.

언덕 위에 백만 명의 사람이,
    백만 마리의 참새가, 둥지를 틀고,
혼란스러운 이주처럼
    어쩔 수 없이 내려앉아 쉰다,

아무것도 아닌 것으로, 혹은 공기로
    둥지를 혹은 집을 짓고.
숨결 한 번에 무너질 것만 같지만,
    그들은 거기 가볍게 올라앉아 있다.

그러나 이끼처럼 달라붙고 퍼진다.
    사람들이 오고 또 온다.
닭이라는 이름의 언덕이 하나 있고,
    지하 묘지라고 부르는 언덕도 있다.

등유의 언덕이 있고,
　　해골의 언덕이 있으며,
놀라움의 언덕,
　　바빌론의 언덕도 있다.

미쿠수*는 도둑이었고 살인자였다.
　　사회의 적이었다.
그는 세 번이나 탈옥했다.
　　최악의 감옥에서

그가 사람을 몇이나 죽였는지는 모른다
　　(그러나 강간은 한 적 없다고 말한다),
경찰관 두 명을 다치게 했다.
　　지난번 탈옥 때에는

사람들은 말했다. "놈은 고모에게 갈 거야.
　　자기를 아들처럼 키워준 사람에게로.
그녀는 작은 술집을 운영하거든.
　　바빌론의 언덕에서"

그는 곧장 고모에게 갔고
	마지막 맥주를 마셨다.
그가 고모에게 말했다. "군인들이 오고 있어.
	나는 사라져야 해.

그들이 90년 형을 선고했어.
	누가 그렇게 오래 살고 싶대?
나는 90시간으로 충분해.
	바빌론의 언덕에서.

나를 봤다고 아무한테도 말하지 마.
	가능하면 오래 도망칠 거야.
고모는 내게 잘해줬고 나도 고모를 사랑하지만
	난 이미 틀렸어."

나가는 길에 그는 머리에 물동이를 이고 가는
	물라타** 여자를 만났다.
"날 봤다고 말하면, 아가씨,
	당신도 죽은 목숨이야."

거기 동굴과 은신처가 있고
    무너져 가는 오래된 요새도 있다.
옛날 프랑스군을 경계하던 곳이다.
    바빌론의 언덕에서

아래로는 바다였다.
    바다가 하늘 끝까지 뻗어 있었다.
벽처럼 평평한 바다 위로
    화물선들이 지나갔다.

화물선들은 파리처럼 보이게
    벽을 끝까지 기어올랐다가
그 너머로 떨어져 사라졌다.
    그는 자신이 곧 죽을 것을 알았다.

염소들이 매애 하고 우는 소리가 들렸다.
    아기 우는 소리도 들렸다.
팔랑거리는 연들이 하늘 위로 팽팽히 올라갔다.
    그리고 그는 자신이 곧 죽을 것을 알았다.

독수리 한 마리가 그의 곁을 날아갔다.
 독수리의 벗어진 목이 보였다.
그는 팔을 흔들며 외쳤다.
 "아직은 아니야, 아들아, 아직은!"

군용 헬리콥터가
 근처를 돌며 탐색했다.
안에 두 남자가 타고 있는 게 보였다.
 하지만 그들은 그를 발견하지 못했다.

군인들이 사방에 깔렸다,
 언덕 도처에.
지평선 바로 위에
 군인들이 작고 가만히 줄지어 있었다.

아이들이 창밖을 내다보고
 술집 남자들은 욕을 하며
바닥의 갈라진 틈새에
 카샤사 한 모금을 뱉었다.

그러나 군인들은 손에 기관단총을
　　들고도 긴장했고,
그들 중 하나는 공황에 빠져
　　지휘관을 쏘았다.

그는 세 군데를 맞혔고
　　다른 총알은 빗나갔다.
그 군인은 히스테리에 빠져
　　어린아이처럼 훌쩍였다.

죽어가는 남자가 말했다. "우리가 여기 온
　　목적을 완수하라."
그는 자신의 영혼은 신께 맡기고
　　자신의 아들들은 주지사에게 맡겼다.

사람들이 신부를 불러왔고
　　그는 천국을 바라며 죽었다.
—페르남부쿠 출신으로
　　열한 형제 중 막내였다.

사람들은 수색을 중단하고 싶었지만,
    군대가 말했다. "아니, 계속해."
그래서 군인들은 다시
    바빌론의 언덕으로 몰려갔다.

아파트에 사는 부자들은
    쌍안경으로 이 모습을 지켜보았다.
낮의 해가 지속되는 한 내내.
    그리고 밤이면, 별빛 아래서.

미쿠수는 풀숲에 숨거나
    작은 나무에 앉아서
소리에 귀 기울이고, 저 멀리 바다 쪽
    등대를 바라보았다.

그러면 등대가 그를 마주 보았다,
    마침내 동이 틀 때까지.
그는 이슬에 젖었고 배가 고팠다,
    바빌론 언덕에서.

노란 태양은 추했다.
    접시 위 날달걀처럼—
바다에서 미끄러지는 태양을 그는 저주했다,
    태양이 그의 운명을 확정 짓는다는 것을 알았기에.

그는 기나긴 흰 모래밭을 보았다,
    수영하러 가는 사람들도,
수건과 비치파라솔을 들고 가는 사람들.
    그러나 군인들이 그를 쫓고 있었다.

저기 멀고 먼 아래, 사람들은
    작은 색깔 점으로 보였고,
수영하는 사람들의 머리는
    떠다니는 코코넛이었다.

땅콩 장수가 삐익삐익
    호루라기 부는 소리가 들렸고,
파라솔 파는 사람이
    파수꾼의 딸랑이를 흔드는 소리도 들렸다.

장바구니를 든 여자들이
    모퉁이에 서서 이야기를 나누다가
곧 시장으로 갔는데,
    위를 쳐다보며 걸었다.

쌍안경을 가진 부자들이
    다시 돌아왔고 많은 이들이
지붕 위 텔레비전 안테나 사이에
    서 있었다.

이른 시간, 8시 혹은 8시 반쯤이었다.
    그는 군인 하나가 올라오는 걸 보았다,
자신을 똑바로 바라보면서. 그는 총을 쐈고,
    마지막 순간에 빗나갔다.

가까이 가지도 않았는데
    군인이 헐떡이는 소리가 들렸다.
미쿠수는 은신처를 향해 내달렸지만
    귀 뒤쪽에 총을 맞았다.

아기 우는 소리가 들렸다,
　　　멀고 먼 곳, 그의 머릿속에서.
또 들개들도 짖고 또 짖었다.
　　　이윽고 미쿠수는 죽었다.

그는 타우루스 권총을 가지고 있었고
　　　입고 있는 옷이 전부였다.
주머니에 2콘투가 들어 있었다,
　　　바빌론 언덕에서.

경찰과 사람들은
　　　안도의 한숨을 내쉬었다.
하지만 그의 고모는 카운터 뒤에서
　　　슬픔의 눈물을 닦았다.

"우리는 항상 버젓하게 살아왔어.
　　　내 가게는 정직하고 깨끗해.
나는 그 애를 사랑했지만, 미쿠수는
　　　아기 때부터 악당이었어.

우리는 항상 버젓하게 살아왔어.
　　그 애 누이는 직업도 있어.
우린 둘 다 그 애에게 돈을 주었어.
　　그런데 왜 그는 도둑질을 해야 했을까?

난 그 애를 정직하게 키웠어,
　　여기, 바빌론의 빈민가에서도."
손님들이 심각하고 침울한 얼굴로
　　또 한 잔을 주문했다.

그러나 손님 하나가 문밖으로 나가면서
　　다른 사람에게 말했다.
"그는 대단한 도둑은 아니었어.
　　여섯 번인가—아니, 그보다는 많이 잡혔지."

오늘 아침 작은 군인들이
　　다시 바빌론의 언덕에 있다.
그들의 총신과 헬멧이
　　부슬비 속에서 빛난다.

미쿠수는 이미 묻혔다.
    그들은 다른 두 명을 쫓고 있다.
하지만 사람들 말이 그 두 명은
    가엾은 미쿠수만큼 위험하지는 않다고 한다.

아름답고 푸른 리우의 언덕 위에
    무서운 얼룩이 자란다.
리우로 왔지만 다시는 귀향할 수 없는
    가난한 이들이.

등유의 언덕이 있고,
    해골의 언덕이 있으며,
놀라움의 언덕,
    바빌론의 언덕도 있다.

  * 치명적인 뱀을 일컫는 북부 지방 말—원주.
 ** 백인과 흑인의 혼혈 여성을 말하며 인종차별적 용어라 현재는 사용되지 않는다.

기타 지역

예절

1918년의 한 아이에게

함께 마차를 탔을 때
할아버지가 말씀하셨죠.
"누굴 만나든지 꼭
인사를 해야 한다."

우리는 걸어가는 낯선 사람을 만났는데
할아버지가 채찍으로 그 사람 모자를 톡톡 두드렸어요.
"안녕하세요, 선생님. 안녕하세요. 좋은 날이네요."
나는 그렇게 말하고, 앉은 자리에서 고개를 숙였어요.

그다음 우리는 아는 소년을 만났는데,
그는 어깨 위에 커다란 반려 까마귀를 앉혀놓고 있었어요.
"누굴 만나든 꼭 마차에 타라고 권해라.
나중에 커서도 잊지 말아라."

할아버지는 그렇게 말씀하셨죠. 그래서 윌리는
우리와 함께 마차에 올라탔지만, 까마귀는
"까악!" 하고 날아가 버렸어요. 나는 걱정이 되었어요.
까마귀는 어디로 가야 할지 어떻게 알 수 있을까요?

하지만 까마귀는 울타리 기둥에서 다른 기둥으로
조금씩 옮겨가며 앞장서 날아갔어요.

윌리가 휘파람을 불자 까마귀가 대답했어요.
"좋은 새구나." 할아버지가 말했어요.

"게다가 예의까지 바르구나. 봐라, 말을 걸면
대답도 잘하지 않니.
사람이든 짐승이든, 그게 바른 예절이란다.
너희 둘도 항상 그렇게 해야 한다."

자동차들이 지나가면
먼지가 사람들의 얼굴을 가렸지만
우리는 "안녕하세요! 안녕하세요!
날이 참 좋아요!" 목청껏 외쳤어요.

허슬러 언덕에 도착했을 때
할아버지는 말이 지쳤다고 말했어요.
그래서 우리는 모두 마차에서 내려 걸어갔답니다.
그게 바로 훌륭한 예절이었으니까요.

세스티나*

9월의 비가 집 위로 떨어진다.
희미해지는 빛 속에서, 나이 든 할머니가
아이와 부엌에 앉아
리틀 마블 난로 가에서,
책력의 농담을 읽으며,
눈물을 감추려고 웃고 말한다.

그녀는 생각한다, 추분의 눈물과
집 지붕을 때리는 비는
둘 다 책력에 예언되어 있지만,
오직 할머니들만 안다고.
쇠 주전자가 난로 위에서 노래한다.
그녀는 빵을 자르며 아이에게 말한다,

이제 차를 마실 시간이란다. 그러나 아이는
찻주전자의 작고 단단한 눈물이
뜨거운 검정 난로 위에서 미친 듯이 춤추는 것을
  지켜보고 있다.
비도 집 위에서 저리 춤추고 있겠지.
주변을 정리하며, 나이 든 할머니가
똑똑한 책력을

끈 위에 걸어둔다. 새처럼, 책력은
한가운데가 열린 채 아이 위를 떠다니고,
나이 든 할머니와 진한 갈색 눈물로 가득한
할머니의 찻잔 위를 떠다닌다.
그녀는 흠칫 몸을 떨며 집이 쌀쌀하다고
생각한다. 그리고 난로에 장작을 더 넣는다.

그렇게 될 일이었어, 마블 난로가 말한다.
내가 아는 건 또 잘 알지, 책력이 말한다.
아이는 크레용으로 견고한 집을 그린다,
구불구불한 오솔길도. 이윽고 아이는
눈물 같은 단추를 단 남자를 그려 넣고
자랑스레 할머니에게 보여준다.

그러나 할머니가 난로를 살피느라
분주한 사이, 아무도 모르게,
작은 달들이 눈물처럼 떨어진다,
책력의 책장 사이에서
아이가 집 앞에 꼼꼼하게
그려놓은 꽃밭 위로.

눈물을 심을 시간이란다, 책력이 말한다.
할머니는 신묘한 난로에 맞춰 노래하고
아이는 수수께끼 같은 집을 하나 더 그린다.

* 6행 6연에 마지막 3행을 덧붙이는 영시의 한 형식.

노바스코샤의 첫 죽음

춥고도 추운 응접실에서
어머니는 석판화 아래
아서의 몸을 눕혔다.
에드워드 왕세자와
알렉산드라 왕세자비,
조지 왕과 메리 왕비가 그려진 석판화였다.
그들 아래 탁자에는
아서의 아버지인 아서
삼촌이 쏘아 죽여 박제한
아비새 한 마리가 서 있었다.

아서 삼촌이 새의 몸에
총알을 박아 넣은 이후로
새는 한마디도 하지 않았다.
하얗게 얼어붙은 그의 호수,
대리석 상판 탁자 위에서
자신만의 고요를 지킬 뿐.
그의 가슴은 깊고 하얗고,
차갑고 만지기에 좋았다.
그의 눈은 붉은 유리알을 넣어
매우 탐스러웠다.

"이리 오렴." 어머니가 말했다.
"와서 네 작은 사촌 아서에게
작별 인사를 하려무나."
나는 안긴 채 들려
은방울꽃 한 송이를 받아
아서의 손에 놓아주었다.
아서의 관은
설탕 입힌 작은 케이크 같았고,
빨간 눈의 아비새가 그것을
하얗게 얼어붙은 호수에서 바라보았다.

아서는 아주 작았다.
아직 색칠하지 않은
인형처럼, 온통 희었다.
잭 프로스트가 그를 칠하기 시작했다,
언제나 단풍잎을
칠하던 방식으로 (영영).
그가 아서의 머리카락에
붉은색 붓질을 몇 번 하더니, 이윽고
붓을 내려놓고
아서를 하얗게 남겨두었다, 영영.

우아한 왕실 부부들은
붉은색과 흰담비 모피 속에서 따뜻했다.
그들의 발은 부인들의 모피 자락으로
잘 감싸져 있었다.
그들은 아서를
궁정에서 가장 작은 시종으로 초대했다.
하지만 아서가 어떻게 갈 수 있었겠나?
작은 은방울꽃을 꼭 쥐고
눈을 질끈 감고,
길은 눈 속 깊이 파묻혀 버렸는데?

주유소

오, 하지만 정말 더러워!
—이 작은 주유소,
기름에 절고, 기름이 배어들어
전체가 거슬릴 정도로
검게 번들거리잖아.
그 성냥 조심해요!

아버지는 더럽고
겨드랑이에 꼭 끼는
기름 전 작업복을 입었고,
재빠르고 건방진
기름투성이 아들 몇이 아버지를 돕는데
(가족이 운영하는 주유소거든),
전부 속속들이 더러워.

이 사람들 주유소에서 사는 걸까?
펌프 뒤쪽에
시멘트 포치가 있고, 그 위로
찌그러지고 기름이
잔뜩 밴 등나무 가구 세트가 있는데,
등나무 소파 위에
더러운 개 한 마리, 아주 편안해 보여.

만화책 몇 권이
유일한 색감을 더해줘—
어떤 특정 색을. 만화책은
커다란 털투성이 베고니아 화분
옆, 다탁을 덮은
(가구 세트의 일부인)
큼직하고 흐릿한 깔개 위에 놓여 있다.

저 생뚱맞은 화분은 왜 있는 거지?
웬 다탁?
게다가, 오, 웬 깔개?
(데이지 스티치로 수놓은
마거릿꽃 같고, 내 생각엔
회색 코바늘 뜨개로 묵직하게 짜 내렸다.)

누군가 깔개에 수를 놓았겠지.
누군가 식물에 물을 주겠지.
아니면 기름을 주든지. 누군가
드럼통을 줄지어 세워놓고
다정한 말을 배열했다.
에소—소—소—소*
신경질적인 자동차들을 향해 하는 말.
누군가 우리 모두를 사랑하는 모양이야.

* 에소(ESSO)는 정유 회사 이름이고 소—소—소가 이어지며 자동차 엔진이나 부드러운 속삭임처럼 들리는 효과를 낳는다.

일요일, 새벽 4시

끝없이 물에 잠긴
꿈의 나라, 틱택토 삼목 놀이처럼
가위표와 동그라미가 박힌 채
낮게 누웠다.

오른쪽엔, 부수적으로,
'메리'가 푸른색으로 가까이 있다.
어떤 메리? 메리 이모?
내가 알던 키 큰 메리 스턴스?

왼쪽엔 낡은 부엌칼 상자,
녹슨 못이 가득 차 있다.
어디선가 보크스 후마나*가
높은 소리로 울부짖는다.

회색 말에 편자를 박아야 한다!
늘 똑같다고!
너 도대체 뭘 하고 있는 거냐,
거기, 프레임 바깥에서?

네가 아무리 기증자라도,
개입이 지나칠 수 있어!
불을 켜. 몸을 뒤집어.
침대 위에 얼룩이—

검은색과 금색의 제소**가
바뀐 천 위에 남아있다.
고양이가 창문으로 뛰어오른다,
입에 나방을 물고서.

꿈이여, 맞서는 꿈이여.
이제 찬장은 비었다.
고양이는 사냥을 떠났다.
개울은 계단을 더듬는다.

세계는 좀처럼 변하지 않지만,
새는 젖은 발로 전선에 매달려
두 개의 음을
직각으로 배치한다.

  * vox humana. 파이프오르간에서 인간의 목소리처럼 들리는 효과.
 ** 캔버스 등의 표면에 그림을 그리기 전에 바르는 바탕재.

도요새

그는 옆에서 들려오는 굉음을 당연하게 여긴다.
세상이 가끔 흔들리기 마련이라는 것도.
그는 달린다, 남쪽으로 달린다, 까다롭고 어색하게,
통제된 공황 상태에서, 블레이크의 제자처럼.

해변이 기름처럼 끓어오른다. 그의 왼편에서 한 장의
물결이 간섭하며 오가며,
부서지기 쉬운 그의 검은 발을 투명하게 덮는다.
그는 달린다, 물을 뚫고 곧장 달린다, 제 발가락을
    바라보며.

─그보다는, 발가락 사이 모래 공간을 바라본다,
(작은 세부도 놓치지 않고) 대서양 물이
빠르게 뒤로, 또 아래로 빠져나가는 곳을. 그는 달리면서
끌려가는 모래 알갱이를 응시한다.

세계는 안개다. 그렇다면 세계는
미세하고 광대하며 선명하다. 조수는
더 높거나 더 낮다. 어느 쪽인지 그는 말해줄 수 없다.
그의 부리는 집중하고 있다. 몰두해 있다,

무언가를, 무언가를, 무언가를 찾으려고.
가엾은 새! 그는 집착 중이다!
검은색, 흰색, 황갈색, 회색의 무수한 알갱이가
장밋빛과 자수정빛의 석영 알갱이와 섞여 있다.

트롤로프의 일기에서

[1861년 겨울]

동상이라면, 선택의 여지가
거의 없다. 전부 워싱턴 아니면
인디언이다, 하얗게 칠했거나, 뭉툭한 무리,
한 나라의 아버지나 그의 양아들들.
백악관은 슬프고 건강하지 못한 곳에 있다,
포토맥강의 늪지대 바로 위에.
―현 대통령은 온몸 구석구석에
말라리아나 열병을 앓고 있다고들 한다.
일요일 오후 나는 방황했다―아니, 그보다는
헤매었다―혼자서. 공기는 차갑고
어두웠고, 늪은 얼음 반 진흙 반이었다. 이런 날씨가
일상이 되었다. 서리가 내렸다가 곧 녹고
다시 서리가 내리는 식이다. 사냥하던 사람으로서, 나는
펜실베이니아 애버뉴가 묵직한 땅이라는 걸 깨달았다…
내 주변 온통 추악한 진흙 속에
―말발굽 자국이 찍힌, 경작되지 않은 땅에―무수한
소 떼가, 황소와 소 들이 의아해하며 서 있었다,
다음 전투가 끝나면 군대의 고기가 될 이들이.
그들의 다리는 마른 핏빛으로 떡이 졌고
뿔은 안개를 화관처럼 둘렀다. 가엾고, 굶주리고, 말 없는
혹은 울부짖는 생명체들, 다시는 되새김질하거나
배를 채우지 못할 것들! 역겨운 악취 때문에

내 이마의 빌어먹을 탄저병이 욱신거렸다.
나는 젊은 외과 의사를 불렀고,
의사는 목이 아팠지만 제 할 일을 했다.
우리는 전쟁 이야기를 나누었고, 그는 급히 떠나며
쉰 목소리로 말했다. "선생님, 정말이지
다들 아파요! 병사들이 공기를 오염시키고 있어요."

세인트 엘리자베스 병원*에 가다

[1950년]

이것은 베들레헴의 집.

이것은 베들레헴의 집에 누운
남자.

이것은 베들레헴의 집에 누운
비극적인 남자의
시간.

이것은 베들레헴의 집에 누운
수다스러운 남자의
시간을 알려주는
손목시계.

이것은 베들레헴의 집에 누운
영예로운 남자의
시간을 알려주는
시계를 차고 있는
선원.

이것은 베들레헴의 집에 누운
늙고 용감한 사람의
시간을 알려주는
시계를 찬
선원이 도착한
정박지.

이것은 베들레헴의 집에 누운
괴팍한 사람의
시간을 알려주는
시계를 찬
선원이 도착한
연안의 바람과 구름,
병동의 세월과 벽.

이것은 베들레헴의 집에 누운
잔인한 남자의
시간을 알려주는
시계를 감는
선원을 지나
삐걱거리는 연안을 넘어

울면서 병동을 지나가며 춤추는
신문지 모자를 쓴 유대인.

이것은 베들레헴의 집에 누운
분주한 사람의
시간을 알려주는
시계를 감는
미친 선원의
삐걱거리는 연안을 넘어
병동을 울면서 지나가며 춤추는
신문지 모자를 쓴 유대인.
이것은 납작해진 책들의 세계.

이것은 베들레헴의 집에 누운
따분한 사람의
시간을 알려주는
시계 소리를 듣는
말 없는 선원 곁에서
흔들리는 갑판을 누비며 왈츠를 추고
울면서 병동을 지나가며 춤추는
신문지 모자를 쓴 과부 유대인을 위해
세상이 거기 있는지, 평평한지 확인하려고
바닥을 두드리는 소년.

이것은 베들레헴의 집에 누운
남자, 시인의
시간을 알려주는

시계를 흔드는
응시하는 선원을 지나
갈라지는 연안 사이로
기쁘게 춤추며 병동을 지나가는
신문지 모자를 쓴 유대인.
세상이 거기 있는지, 평평한지 보려고
바닥을 토닥이는 소년을 가둔
문과 벽과 세월.

이것은 베들레헴의 집에 누운
비참한 남자의
시간을 알려주는
시계를 보여주는
미친 선원과 함께
관짝 널빤지 위를 걸으며
조심스럽게 병동을 춤추며 지나가는
신문지 모자를 쓴 유대인.
세상이 둥근지 평평한지 확인하려고
바닥을 토닥이는 소년을 가둔
문과 벽과 세월.
이것은 전쟁에서 돌아온 군인의 집.

---

* 미국 워싱턴 D.C.에 위치한, 미국 최초로 연방 정부가 운영한
  정신병원이다. 시인 에즈라 파운드가 1945년부터 1958년까지 강제
  입원했던 곳이기도 하다.

시집에 묶이지 않은 새 작업

New and Uncollected Work
(1969)

우기: 아열대

거대한 두꺼비

나는 너무 커, 너무나도 커. 날 가엾게 여겨줘.

내 눈은 불룩하고 아파. 그게 나의 유일한 큰 미덕이라지만. 이 눈은 위아래로 너무 많이 보지만, 볼 게 별로 없어. 비가 멈추고 안개가 내 피부에 물방울로 맺히고 있다. 물방울이 등을 타고 흘러내리고, 축 처진 입가에서도 흐르고, 옆구리를 지나 배 밑으로도 떨어져. 아마도 얼룩덜룩한 내 피부 위 물방울은 썩어가는 나뭇잎 위 은빛 이슬처럼 예쁠지도 몰라. 하지만 물방울 때문에 속속들이 춥구나. 나의 색이 변하는 게 느껴진다. 내 색소가 서서히 떨리며 변하고 있어.

이제 저 튀어나온 바위 턱 밑으로 들어가야겠어. 천천히. 폴짝. 두세 번 더, 조용히. 너무 멀리 뛰었어. 나는 일어났어. 이끼는 회색이고 내 앞발에 거칠게 느껴져. 납작 엎드려. 밖을 향해 몸을 돌려. 이쪽이 더 안전해. 달팽이가 지나갈 때까지 숨을 쉬지 마. 하지만 우리는 같은 날씨 속을 여행하지.

공기를 삼키고 차가운 안개를 입안 가득 물어봐. 목소리를 내, 딱 한 번만. 오, 그 소리가 바위에 부딪쳐 울려 퍼진다! 나는 심오한 천사의 종을 울린 거야!

나는 삼킴으로써 숨 쉬고 살아간다. 언젠가 짓궂은

아이들이 나를 잡았어. 나랑 두 형제를. 걔들은 우리를 어딘가에 내려놓고 우리 입에 불붙인 담배를 물렸어. 우린 어쩔 수 없이 담배를 피워야 했지. 끝까지 말이야. 나는 죽음이 찾아왔다고 생각했지만, 내 안이 연기로 가득 차고, 축 처진 입이 타들어 가고, 내 속이 뜨겁게 말라붙어 갈 때, 녀석들이 우릴 풀어주었어. 하지만 나는 며칠 동안 앓았지.

내 어깨는 권투 선수처럼 벌어졌어. 근육은 아니고 색도 어둡지만. 그건 내가 거의 사용하지 않는 독을 담아둔 주머니야. 내가 짊어진 짐이자 커다란 책임이지. 내 등에는 큼직한 독 날개가 접혀 있어. 조심해, 나는 위장한 천사니까. 내 날개는 사악하지만 치명적이진 않아. 마음만 먹으면 그 독은 검푸른색으로 터져 나올 수 있고, 그러면 모두에게 위험하니까. 검푸른 증기가 공중에 퍼질 거야. 그러니 조심하라고, 이 경박한 게야.

길 잃은 게

여긴 내 집이 아니야. 어쩌다가 물에서 이렇게 멀리까지 왔지? 물은 저쪽 어딘가에 있을 텐데.

나는 포도주색, 붉은 잉크색이야. 강력한 내 오른쪽 집게발 안쪽은 샤프란 같은 노란색이고. 봐, 보이지? 나는 집게발을 깃발처럼 흔들어. 나는 세련되고 우아하지. 아주 정교하게 움직이고. 작은 노란색 발들을 전부 능숙하게 다루거든. 나는 비스듬하고 간접적인 접근을 믿어. 감정은 겉으로 드러내지 않는 편이고.

하지만 이 이상하고 매끄러운 표면에서 너무 큰
소리가 나잖아. 나는 이런 곳에 살 생각이 없어. 조금만
더 움직이고 예리하게 살펴본다면 내 웅덩이를 다시 찾을
수 있을 거야. 내 오른쪽 집게발을 조심해, 지나가는
녀석들아! 여긴 너무 딱딱해. 비가 멈추고 축축하지만,
만족할 만큼 젖어 있진 않네.

내 눈은 작지만 잘 보여. 내 껍데기는 단단하고
탄탄해. 내 웅덩이에는 작은 회색 물고기가 많아.
녀석들은 투명하게 보이지. 커다란 눈만 불투명하고 나를
향해 움찔거려. 놈들을 잡기란 어렵지만, 난 내 팔로
재빨리 붙잡아 먹어버리지.

저 노란 구름처럼 크고 부드러운 괴물은 뭐지?
답답하고 따뜻한 저것은? 놈이 내 등을 두드리네.
집게발아, 나와라. 봐, 내가 놈을 겁주어 쫓아냈어. 놈은
아무 일 없었던 듯 가만히 앉아 있네. 피해 가야겠다.
놈은 여전히 나를 못 본 척하고 있어. 비켜, 이 괴물아.
나는 웅덩이를 소유하고 있어. 거기서 헤엄치는 물고기도,
썩은 사과 냄새가 나는 작은 물벌레들도 전부 내 거라고.

힘내라, 이 슬픈 달팽이야. 내가 격려하듯 네
껍데기를 두드려 주마. 네가 그걸 알 리는 없지만.

그리고 너랑은 엮이고 싶지 않구나, 뾰로통한
두꺼비야. 나보다 네 배는 더 크면서 저토록
취약하다니…. 난 집게발로 네 배를 가를 수도 있어. 이
녀석, 불룩한 눈으로 나를 노려보네. 꼭 내 웅덩이
근처에서 망보는 개처럼 말이야. 너는 크고 공허한 소리를
내는구나. 난 그런 어리석음이 별로야. 나는 압축된 것,

가볍고 민첩한 것을 좋아해. 이 느슨한 세상에서는 아주 드문 것들이지.

거대한 달팽이

비가 그쳤어. 폭포는 밤새 저리 울부짖겠지. 나는 산책하며 먹이를 찾으러 나왔어. 내 몸은—다시 말해, 발은—축축하고 차갑고 날카로운 자갈로 덮여 있어. 내 몸은 하얗고, 만찬용 접시만큼 커. 나는 목표를 세웠어, 저 바위까지 가기로. 하지만 거기 닿으면 동이 틀지도 몰라. 나는 유령처럼 떠다니고, 가장자리는 땅에 거의 닿지 않지만, 내 몸은 무겁고, 무겁고, 무겁단다. 내 하얀 근육이 벌써 피곤하네. 나는 신비롭고 여유 있는 인상을 풍기지만, 사실 작은 돌멩이나 나뭇가지 하나를 넘어가려고 해도 엄청난 의지가 필요해. 저 거친 풀줄기에 정신이 팔려서는 안 돼. 그걸 만지지 마. 물러서. 언제든 후퇴가 최선이라고.

비가 그쳤어. 폭포 소리가 엄청나네! (저기서 떨어지면 어떻게 될까?) 검은 바위산이 수증기 구름을 어마어마하게 뿜어내고 있어! 반짝이는 물줄기가 산비탈을 타고 내려와. 이럴 때마다 우린 달팽이 신들이 급히 내려오셨다고 말해. 나라면 저렇게 가파른 절벽을 내려갈 수 없을 거야. 올라가는 것은 꿈도 꾸지 못하고.

저 두꺼비도 나처럼 너무, 너무 컸어. 놈의 눈이 내 사랑을 애원했지. 우리 크기는 이웃들을 두렵게 해.

잠깐만 쉬자. 긴장을 풀자고. 땅에 납작 엎드린 내

몸은 창백하고, 썩어가는 이파리 같아. 내 껍데기를 두드리는 게 뭐지? 아무것도 아니야. 계속 가자.

　내 옆구리가 리듬에 맞추어 파도처럼 움직인다. 배를 살짝 떼고, 앞에서 뒤로, 선박의 궤적처럼, 밀랍 같은 물, 혹은 천천히 녹는 빙하처럼. 나는 얼음처럼 차갑고, 차갑고, 차갑단다. 앞을 볼 수 없는 내 하얀 황소 머리는 크레타의 무서운 괴물 머리였어. 뿔 네 개는 퇴화해 공격할 수 없어졌고. 입 옆쪽은 이제 손이 되었어. 그것들은 땅을 누르며 단단히 빨아들이지. 아, 하지만 내 껍데기는 아름답고, 높고, 매끄럽고, 반짝인다는 걸 나는 알지. 본 적은 없지만 잘 알아. 말려 올라간 흰색 입술은 가장 좋은 에나멜로 되어 있어. 안쪽은 비단처럼 부드럽고, 나, 바로 내가 그 안을 완벽하게 채우고 있지.

　나의 넓은 흔적은 빛나고, 이제 날이 점점 어두워지고 있어. 나는 아름답게 반짝이는 유백색 띠를 남겨. 나는 그걸 알아.

　하지만 아! 나는 너무 커. 그게 느껴져. 제발 날 가엾게 여겨줘.

　그 바위에 도착하면 특정한 틈새로 들어가 밤을 보낼 거야. 아래쪽 폭포가 내 껍데기와 몸을 밤새 진동시키겠지. 그 일정한 맥박 속에서 나는 쉴 수 있을 거야. 밤새 나는 잠든 귀처럼 있을 거야.

쥐의 교수형

아주 이른 아침, 5시도 되기 전에 쥐가 끌려 나왔지만, 벌써 군중이 많이 모여 있었다. 어떤 동물들은 전날 밤 잠자리에 들지 않고 계속 깨어 있었다. 처음에는 막연한 축제 분위기 때문이었지만, 한 시간 정도 도시를 거니는 게 좋겠다고 결심하기를 몇 번, 마지막에는 광장에 도착해 제시간에 교수형을 구경하는 편이 합리적이라는 결론에 이르렀기 때문이었다. 이 동물들은 딸꾹질을 조금 했고, 냉소적이었으며, 나른한 분위기를 풍겼다. 자다 깨서 온 동물들도 피곤하고 조용했지만, 지루해 보이지는 않았다.

쥐는 전통적이고 고풍스러운 옛 갑옷을 입은 거대한 갈색 딱정벌레 두 마리에게 끌려왔다. 그들은 조그만 검은 문을 지나 광장으로 나와서는 차렷 자세로 서 있는 병사들 사이를 지나 직진했고, 오른쪽으로 돌아 빈 광장의 두 면을 돌았다가, 다시 왼쪽으로 돌아 교수대가 있는 중앙으로 나왔다. 길을 돌 때마다 오른쪽 딱정벌레가 왼쪽 딱정벌레를 재빨리 쳐다보았는데, 그때마다 둘의 길고 긴 전통적 더듬이가 돌아가는 방향으로 급격히 휘어 둘은 완벽한 동작을 선보였다. 하지만 군사훈련을 받은 적도 없고 한참을 심하게 우느라 앞도 제대로 보이지 않았던 쥐는 딱정벌레들의 정확하고 깔끔한 동작을 망쳐버렸다. 모퉁이를 돌

때마다 쥐는 살짝 앞으로 쓰러졌고, 오른쪽으로 끌려갈 때마다 발이 서로 엉켰다. 하지만 딱정벌레들은 쥐를 쳐다보지도 않고 매번 재빨리 쥐를 공중으로 들어 올려 엉킨 발을 풀어주었다.

이른 아침 그 시간에 쥐의 회색 옷은 빛과 거의 구분되지 않았다. 그러나 흐느끼는 소리는 들렸고 너무 울어 코끝이 장밋빛으로 붉게 물들어 있었다. 작은 동물들이 고개를 뒤로 젖히고 흡족하게 쿵쿵거렸다.

사형집행인은 전통적인 검은 가면을 쓴 너구리였다. 그는 매우 꼼꼼했고 매사를 정확하게 처리했다. 역시 검은 가면을 쓴 그의 어린 아들도 작은 대야와 물 주전자를 들고 아버지를 거들었다. 우선 너구리는 손을 씻고 신중하게 헹군 다음 밧줄을 씻고 헹궜다. 마지막 순간 그는 손을 한 번 더 씻고 우아한 검은 가죽 장갑을 꼈다.

마지막 종교의식은 커다란 사마귀가 맡았다. 그는 쥐와 호송대 다음으로 무대에 급히 올랐지만, 즉시 극도의 긴장감에 사로잡힌 듯 보였다. 사마귀는 몇 발짝 왼쪽으로, 몇 발짝은 오른쪽으로 미끄러지며 우아하게 팔을 들었지만, 말을 시작하지 못했다. 그는 당장 무대에서 뛰어 내려가 이 모든 일을 피하고 싶은 것처럼 보였다. 사마귀가 하늘로 팔을 뻗었을 때 그의 커다란 눈은 군중을 향해 반짝였고, 위를 쳐다보았을 때에는 온몸이 경련하며 애처롭게 움직였다. 그는 주변의 저급한 존재들—딱정벌레, 사형집행인, 죄인인 쥐—과 함께 있는 게 불편해 보였다. 마침내 그는 큰 노력을 기울여 마음을 다잡고, 쥐에게 다가가 높고 이해하기 힘든 목소리로 몇 마디를 했다. 쥐가 화들짝 놀라더니 더 격하게 울기 시작했다.

순간 관중 모두 틀림없이 웃음을 터뜨렸겠지만, 마침 왕의 전령이 방금 쥐와 호송대가 지나간 그 작고 검은 문 위쪽 발코니에 나타났다. 전령은 아주 커다랗고 몸무게가 많이 나가는 황소개구리였는데 전통 복장을 하고 길게 끌리는 두루마리를 들고 있었다. 두루마리는 땅바닥에 몇 미터나 끌리게 길었고 두루마리 안에는 풀로 붙인 작은 띠지가 있었는데 실제 연설문은 거기 씌어 있었다. 황소개구리는 두루마리와 모자에 꽂은 흰색 깃털 때문에 우스꽝스러운 동화 속 인물처럼 보였지만, 목소리는 군중을 압도해 공손히 귀를 기울이게 할 만큼 인상적이었다. 목소리는 깊은 저음이었다. "꾸룩! 꾸룩! 부르릅!" 누구도 쥐의 사형선고문을 이해할 수 없었다.

사형집행인은 밀치고 꼬집으며 도와준 딱정벌레들 덕분에 쥐를 제 위치에 세웠다. 쥐의 작고 둥근 한쪽 귀 뒤쪽에 밧줄이 정교하게 묶였다. 쥐가 한 손을 들어 코를 닦자 군중 대다수는 이 동작을 작별 인사로 해석하곤 그 후로도 몇 주 동안 그 이야기를 입에 올렸다. 집행인의 아들은 아버지의 신호에 따라 교수대를 작동시켰다.

"찌이익! 찌이익!" 쥐가 울부짖었다.

쥐의 수염이 절망적으로 허공을 몇 차례 돌며 움직였고, 그의 발은 위로 솟구치며 어린 고사리처럼 동그랗게 말렸다.

사마귀는 길쭉한 팔을 신경질적으로 휘두르며 군중

속으로 사라졌다. 모든 장면이 너무 감동적이어서 입에
아이를 물고 나온 고양이가 커다란 눈물을 몇 방울
흘렸다. 눈물이 아이 등에 떨어지자 아이가 꿈틀대며 울기
시작했다. 고양이는 교수형 장면이 아이에게 과한 충격을
줬을 수도 있지만, 그럼에도 불구하고 훌륭한 교훈이
되었으리라 여겼다.

1937

어떤 꿈을 그들은 잊었다

죽은 새들이 떨어졌지만, 아무도 나는 모습을 보지 못했고,
어디서 왔는지도 알 수 없었다. 새들은 검고 눈은 감긴
　　채였으며,
어떤 종의 새인지도 몰랐다. 그러나 다들
새들을 품고 저 멀리 깔때기 모양의 새 하늘을 쳐다보았다.
또, 어두운 방울들이 떨어졌다. 밤새 처마 위에 모여,
혹은 침대 위 천장에 모여들어,
신비한 물방울 모양으로 밤새 머리 위에 매달렸다가,
이제 잎사귀에서 이슬이 떨어지듯 재빨리 그들의 무심한
　　손끝에서 굴러내렸다.
이처럼 완벽하게 검은 나무 열매를 본 적이 있을까?
이른 아침 이토록 반짝이는 열매를? 가지 끝이나 잎 아래
　　맺힌
검은 심장 미끼들. 그들은 독이 있을까 봐 남겨두었을까?
아니면 — 기억하라 — 열매 가득한 나무에서 따 먹었을까?
어떤 꽃이 이런 씨앗으로, 매발톱꽃처럼 줄어들까?
그러나 그들의 꿈은 여덟 아니 아홉 살이 되어도 뭐가
　　뭔지 알 수 없을 것이다.

　　　　　　　　　　　　　　　　　　　1933

노래

여름은 바다 위에서 끝났다.
매끄럽게 닦인 끝없는 바닥에서 춤추던
사교적인 존재, 유람선은
프레드 어스테어처럼 스텝과 사이드스텝을 밟으며
떠났고, 가버렸고, 어딘가 해안에 정박했다.

친구들은 떠났고, 바다는 텅 비었다,
신선한 녹색 해초가 여기저기 떠다니던 바다.
이제 측면이 녹슨 화물선들만
시장 없는 달의 분화구를 지나가고
별들만이 유일한 유람선이 되었다.

1937

유숙객

이번 달 우리 집에 머무는
슬픈 재봉사는
작고 마르고 비통하다.
아무도 그녀를 위로할 수 없다.
옷을 주든, 술을 주든,
구운 닭이나 튀긴 생선을 준들—
그녀에겐 전부 똑같다.

그녀는 앉아서 TV를 본다.
아니, 지그재그 무늬를 본다.
"TV 좀 조정해 줄 수 있나요?"
"아니요." 그녀는 말한다. 희망 없이.
그녀는 계속 본다,
희망 없이, 방송 없이.

그녀의 옷은 우리를 멈칫하게 하지만
그녀는 가난한 고아가 아니다.
그녀에겐 아버지도 어머니도 있고
모든 게 있으며, 돈도 꽤 잘
번다, 그리고 우리는 그녀를
기름진 음식으로 채워주고 있다.

우리는 그녀에게 망원경을 써보라고 초대한다.
우리는 말한다. "제트기를 보러 와요!"
우리는 말한다. "아기를 보러 와요!"
혹은 영리하게 바퀴에 대고
아주 날카로운 소리로 국가를 연주하는
칼 가는 사람을 보러 와요.
어떤 일도 소용이 없다.

그녀는 말한다. "단추를 살
돈이 조금 필요해요."
그녀는 부탁해 봐야 소용없다고
생각하는 것 같다. 제발, 단추를 사요,
어떻게든 도움이 된다면,
세상에서 가장 큰 단추를—
열두 개 단위로, 대용량으로!
아이스크림을 사 먹어요,
만화책을 사든지, 아니면 자동차라도!

그녀의 얼굴은 호두처럼 닫혀 있다.
조심스러운 달팽이처럼 닫혔고,
천 년 된 씨앗처럼 닫혔다.
그녀는 결혼을 꿈꿀까?

아니면 부자가 되기를? 그녀의 바느질 솜씨는
확실히 평범하다.

제발! 우리 돈을 받아요! 웃어요!
도대체 우리가 무슨 짓을 한 거죠?
다들 무슨 짓을 했으며
이 모든 게 언제 시작되었죠?
그러던 어느 날 그녀는
수녀가 되고 싶었으나
가족이 반대했다고 고백한다.

어쩌면 우린 그녀를 내보내야 할지도 모른다.
아니면 그녀를 곧장 가장 가까운 수녀원으로
보내든지—그런데 어차피
그녀의 한 달 기한은 지난주에 끝나지 않았던가?

혹시 우리가 품고 있는 것은
운명의 여신 중 하나가 아닐까?
뼈가 앙상한 작은 발로
빌린 재봉틀을 밟으며
우리 삶을 꿰매는 클로토*인가?
그러면 우리 운명도 그녀의 운명과 같아지고,
우리의 솔기도 영원히 틀어질까?

* 그리스신화에서 운명의 세 자매 중 장녀로, 실을 뽑는 사람이다.

트루베 (Trouvée) *

휘턴 갤런타인 씨와 해럴드 리즈 씨**에게

아, 어쩌자고 암탉은
여름 한복판에
웨스트 4번가에서
차에 치여야 했을까?

흰색 암탉이었다,
—물론 지금은 빨갛고 하얗게 변했지만.
어쩌다 거기 갔을까?
어디로 가고 있었을까?

날개 깃털이
온통 더러워진 채
타르 속에서 납작하고 납작하게 펼쳐져
휴지처럼 얇아 보였다.

그래, 비둘기,
혹은 영국 참새라면
그런 운명을 맞을 수도 있겠지만,
가엾은 닭은 아니었다.

나는 방금 다시 돌아가
한 번 더 보았다.
내가 꿈꾸던 일은 아니었다.
거기 암탉이

분필로 그려진
(부리만 빼고)
고리타분한 시골 농담으로
변해 있었다.

 * 발견, 색출.
 ** 동성 연인 사이였던 다큐멘터리 영화감독 휘턴 갤런타인과 건축가
    해럴드 리즈는 뉴욕 예술계의 유명 인사였고 비숍과 교류했다.

빵집에 가다

[리우데자네이루]

다른 밤에 하던 대로
바다를 응시하는 대신,
달은 내려다본다,
코파카바나 대로를,

그녀에겐 새롭지만 일상적인 풍경들을.
달은 늘어진 노면전차 전선에 기대어 있다.
그 아래, 선로가 머리부터 꼬리까지 줄지어
주차된 차들 사이로 미끄러진다.

(양철 지붕은 죽어가는, 흐물흐물한
장난감 풍선처럼 무지갯빛을 띤다.)
선로는 수은 웅덩이에서 끝나고,
전선은 달의 자력에

이끌려, 먼 성운 속으로
으르렁거리며 떠나간다.
빵집 불빛은 흐릿하다.
제한 공급 받는 우리 전기 아래서

둥근 케이크들이 졸도할 것처럼 보인다—
케이크마다 번들거리는 흰자위를 드러낸다.
찐득한 타르트는 붉게 쓰라리다.
사세요, 사세요, 무엇을 사야 하지?

이제 밀가루는 옥수숫가루가
섞여 불순해지고, 빵 덩어리는
혼잡한 병동에 누운
황열병 환자들처럼 누워 있다.

역시 병약해 보이는 빵집 주인이
'우유 롤'을 추천한다. 아직 따뜻하고
우유로 만들었다고. 그 빵들은
품에 안긴 아기 같다.

가짜 아몬드나무의
가죽 같은 잎 아래서, 어린 창녀가
원자처럼 열에 들떠 춤을 춘다.
챠-차, 챠-차, 챠-차…

내 아파트 앞에
검은 남자가 검은 그늘에 앉아
셔츠를 들어 올려
보이지 않는 검은 옆구리 붕대를 보여준다.

카샤사 연기가 나를 때려눕혔죠,
자동차 사고에서 풍기는 휘발유 연기처럼.
그는 완전히 횡설수설 말한다.
붕대가 하얗고 생생하게 빛난다.

나는 그에게 7센트를 준다, 내겐
상당한 돈을, 그리고 습관적으로
"잘 자요"라고 말한다. 아, 나쁜 습관!
더 적절하거나 밝은 말은 없었을까?

창문 아래서: 오루프레투*

릴리 코헤이아 지 아라우주**에게

대화들은 단순하다, 음식에 관한 이야기,
아니면, "엄마가 내 머리를 빗겨줄 때면 아파."
"여자들이란." "여자들이란!" 붉은 드레스에

플라스틱 샌들을 신은 여자들, 거의 보이지 않는
아기들을 안고 있는 여자들이—이 더위에
눈까지 감싼—아기들을 풀어 내려놓고, 더러운 손으로

사랑스럽게 물을 먹인다, 여기
한때 분수가 있었던 곳에서, 여기
온 세상이 가만히 멈춰버린 곳에서.

예전 물은 세 개의 초록색 동석 얼굴의
입에서 흘러나왔다. (한 얼굴은 웃었고,
한 얼굴은 울었으며, 가운데 얼굴은 그냥 보았다.

석고로 덧대어진 그 얼굴은 지금 박물관에 있다.)
지금 물은 한 개의 쇠 파이프에서 흘러나온다,
밧줄 모양으로 힘차게. "차가워." "얼음처럼 차가워."

몇 세기 동안 다들 동의했다.
당나귀들도 동의하고, 개들도, 음료수병처럼 초록색인
말끔한 작은 제비들도 동의하며 대담하게 뛰어들어
    맛본다.

저기 지팡이와 자루를 든 노인이
다시 슬렁슬렁 걸어온다. 노인은 멈추고 몸을 더듬는다.
마침내 법랑 머그잔을 꺼낸다.

저기 보자기로 묶은 빨랫감이 온다.
혼자서 땅 1미터 높이에 떠 있다.
오, 아니다, 그 아래 조그만 흑인 소년이 있다.

당나귀 여섯 마리가 "대모님" 뒤를 따라온다.
—눈 위로 양털 방울이 늘어진
주황색 양모 술을 두르고 종을 단 사람이다.

그들은 당연히 물 쪽으로 향하지만
마부의 암말이 종종걸음으로 달려왔을 때,
채찍에 눈이 가려진 암말은 반대편을 본다.

커다란 메르세데스 벤츠 새 트럭이 도착해
그들 모두를 압도한다. 트럭의 몸체에는
요동치는 장미 봉오리가 그려져 있고 범퍼에는 이렇게
　　쓰여 있다.

당신이 기다리던 내가 왔어요.
운전사와 조수는 얼굴과 목, 가슴을
씻는다. 그들은 발과

신발을 씻고, 다시 신는다.
그사이, 또 다른 오래된 트럭이 부릉부릉
불타는 기름의 푸른 연기를 내뿜으며 올라온다. 트럭은

매독 걸린 코를 가졌다. 그럼에도 불구하고,
용감한 운전사는 지나가는 이에게 말한다.
돈은 별로 없지만 재미있답니다.

"그 여자 이틀째 진통 중이야." "트랜지스터가
더럽게 비싸." "점심으로 우린
개가 목을 날려버린 불쌍한 오리를 먹었어."

인생의 일곱 단계는 전부 말이 많고
더럽고 목마르다.
                    고인 물웅덩이 가장자리로
기름이 스며들어

빛나거나 산산이 조각난 채 위를 쳐다본다,
마치 거울 조각처럼―아니, 그보다는 더 푸르다,
마치 모르포 나비의 찢어진 조각처럼.

---

  * 브라질 미나스제라이스주에 있는 역사적 도시로 18세기 금광
    중심지였고 바로크양식의 건축물로도 유명하다.
** 아라우주가 브라질 오루프레투에서 운영한 게스트하우스는 20세기
    중반 예술가, 작가, 지식인 등이 모이는 중심지가 되었다. 오루프레투의
    문화유산을 보존, 복원하는 일에 중요한 역할을 맡았고 비숍과도
    우정을 나누었다.

지
리
III

GEOGRAPHY III
(1976)

앨리스 메스페슬*에게

* 메스페슬(1943-2009)은 비숍이 소아리스의 죽음 이후 미국으로 완전히 돌아온 1971년부터 비숍과 교제했으며 비숍 말년의 동반자이자 사후 유산관리자가 되었다.

[『몬티스의 지리학 시리즈』
(A. S. 반스 출판사, 1884) 중 「지리학 입문」에서]

제6과

지리학이란 무엇인가?

지구 표면에 관한 설명이다.

지구란 무엇인가?

우리가 살고 있는 행성 또는 천체이다.

지구의 모양은 어떠한가?

공처럼 둥글다.

지구 표면은 무엇으로 이루어져 있는가?

땅과 물.

제10과

지도란 무엇인가?

지구 표면의 전체 또는 일부를 그린 그림이다.

지도에서 방향은 무엇인가?

위쪽은 북, 아래쪽은 남, 오른쪽은 동, 왼쪽은 서쪽이다.

그림 중심의 섬은 어느 방향에 있는가?

북쪽.

화산은 어느 쪽에 있는가? 곶은? 만은? 호수는? 해협은?
산맥은? 지협은? 동쪽에는 무엇이 있는가? 서쪽에는?
남쪽에는? 북쪽에는? 북서쪽에는? 남동쪽에는?
북동쪽에는? 남서쪽에는?

대기실에서

매사추세츠 우스터에서,
콘수엘로 고모의
치과 치료에 따라가
대기실에 앉아서
고모를 기다렸다.
겨울이었다. 날이 일찍
저물었다. 대기실은
어른들로 가득했다,
방한화와 외투와,
전등과 잡지도.
고모는 꽤 길게 느껴지는 시간 동안
안에 있었고
기다리는 동안 나는
『내셔널 지오그래픽』을 읽었다.
(나는 읽을 수 있었다) 사진들을
자세히 들여다보았다.
검고 화산재가 가득한
화산 안쪽은
곧 화산이 넘쳐
불의 개울로 흘러내렸다.
승마용 반바지를 입고
끈을 묶는 부츠와 탐험용 헬멧을 쓴

오사와 마틴 존슨 부부.
장대에 매달린 죽은 남자
—사진 설명에 "길쭉한 돼지"라고 씌어 있다.
뾰족한 머리를 한 아기들은
끈으로 칭칭 감겨 있고,
벌거벗은 흑인 여자들은
마치 전구에 달린 목처럼
목에 철사가 칭칭 감겨 있었다.
여자들의 가슴은 소름 끼쳤다.
나는 단숨에 읽어내렸다.
너무 부끄러워 멈출 수가 없었다.
이윽고 표지를 보았다,
노란색 테두리를, 발행일을.
그때 갑자기, 안쪽에서,
아! 하는 고통의 소리가 들렸다
—콘수엘로 고모의 목소리가—
아주 크거나 길지는 않았다.
나는 조금도 놀라지 않았다.
그때도 나는 고모가
모자라고 소심한 여자라는 걸 알았다.
당황할 수도 있었지만,
그러지 않았다. 완전한 놀라움으로
나를 사로잡은 건
바로 나였다.
내 입에서 나온, 내 목소리였다.
생각할 겨를도 없이
나는 모자란 고모였고,

나는—우리는—『내셔널 지오그래픽』 표지에
시선을 고정한 채
낙하하고 또 낙하했다,
1918년 2월 호였다.

나는 속으로 말했다. 사흘만 있으면
넌 일곱 살이 돼.
내가 이렇게 말한 건
돌고 도는 둥근 세계에서 떨어져
차갑고 검푸른 공간으로
낙하하는 감각을 멈추고 싶어서였다.
하지만 나는 느꼈다. 너는 하나의 나,
너는 한 명의 엘리자베스,
너는 그들 중 하나라고.
왜 너도 그 하나가 되어야 하지?
나는 감히 따져보지 못했다,
나라는 게 과연 무엇인지를.
나는 곁눈질로
—눈을 높이 들 수가 없었다—
전등 아래 드러난
그늘진 회색 무릎들과,
바지와 치마와 장화와
짝이 다른 손들을 보았다.
나는 알았다, 이보다 더 이상한 일은
없었다고, 이보다 더 이상한 일은
있을 수가 없다고.

나는 왜 내 고모여야 하고
나 혹은 누군가가 되어야 하는 걸까?
무엇이 비슷하기에—
장화나, 손이나, 내 목에서 느껴지는
가족의 목소리나, 심지어
『내셔널 지오그래픽』과
그 지독하게 늘어진 가슴은—
우리를 전부 한데 묶거나
우리를 그저 하나로 만드는 걸까?
어떻게—나는 어떤 말을 써야 좋을지
몰랐다—어떻게 "이런 일이"…
어쩌다 나는 저들처럼,
여기에 와서, 엿듣게 된 걸까,
크고 심할 수도 있었지만 그렇지는 않았던
고통의 비명을?

대기실은 밝고
너무 더웠다. 이곳은 크고 검은 파도 밑으로
미끄러져 들어갔다,
한 차례, 또 한 차례.

어느새 나는 이곳으로 돌아왔다.
전쟁 중이었다. 바깥은,
매사추세츠 우스터는,
눈이 녹아 질척이는 추운 밤이었다.
그리고 여전히
1918년 2월 5일이었다.

영국으로 돌아온 크루소

새로운 화산이 폭발했다고,
신문에 나왔다. 또 지난주에는
어느 배가 섬의 탄생을 목격했다는 기사를 읽었는데,
처음에는 16킬로미터 멀리에서 증기 한 가닥이 보였고,
이윽고 검은 점이—아마도 현무암이겠지—
항해사의 망원경에 잡혀
파리처럼 수평선에 걸렸단다.
섬에 이름이 붙었다. 그러나 가엾은 나의 옛 섬은 아직
다시 발견되지 않았고, 다시 이름을 붙일 수도 없다.
어떤 책도 그 섬을 제대로 다루지 않았다.

뭐, 내겐 쉰두 개의
비참하고 자그마한 화산들이 있었고
몇 발짝만 미끄러지며 걸어가면 올라갈 수 있었다—
화산은 죽어 재만 남은 언덕이었다.
나는 가장 높은 화산의 가장자리에 앉아
서 있는 다른 화산들을 세어보곤 했다.
꼭대기가 날아간 채, 벌거벗고 납빛인 화산들을.
나는 생각했다, 만약 화산들이
내가 생각했던 것만큼 크다면, 나는
거인이 된 것이라고,
내가 거인이 된 거라면,

염소와 거북,
갈매기나 겹겹이 밀려오는 파도가
—다가왔다 물러나길 반복하지만, 끝내 닿지는 않는
그저 반짝이고 또 반짝이는
육각형의 반짝이는 파도가
얼마나 큰지 상상조차 할 수 없을 거라고. 하늘은
대개 흐렸다.

내 섬은 구름을
버리는 장소 같았다. 반구에 남은
모든 구름이 도착해 분화구 위에
걸렸다—바싹 마른 그 목구멍은
만지면 뜨거웠다.
그래서 비가 그렇게 자주 내렸던 걸까?
또 온 섬이 가끔 쉭쉭거렸던 걸까?
거북들이 높이 솟은 둥근 등을 업고
주전자처럼 쉭쉭거리며 느릿느릿 기어갔다.
(물론 내가 주전자 같은 걸 하나 가지려면
꽤 오래 걸렸거나 족히 이삼 년은 필요했을 것이다.)
바다로 내달리는 용암의 주름들도
쉭쉭거렸다. 고개를 돌리면 거기
또 다른 거북들이 있었다.
해변은 온통 용암으로 이루어졌고,
검은색, 빨간색, 흰색, 회색이 섞여
대리석처럼 아름다운 무늬를 이루었다.
그리고 내겐 물기둥도 있었다. 오,
한 번에 여섯 줄기로, 멀리까지

왔다 갔다, 나아갔다 물러나며,
머리는 구름까지 닿고 발은 위로 솟구치며 움직이는
흰색 반점들 속에 담그고 있었다.
유연하고 가늘어진 유리 굴뚝들,
유리로 만든 신성한 존재들… 나는
물이 연기처럼 소용돌이치는 모습을 보았다.
분명 아름다웠지만, 훌륭한 동반자는 아니었다.

나는 종종 연민에 빠졌다.
"내가 이런 걸 누릴 자격이 있나? 그렇겠지.
그렇지 않으면 여기 있을 리가 없잖아. 하지만 실제로
이걸 선택한 순간이 있었던가?
기억나지 않지만, 그런 순간이 있었을 수도 있겠지."
어쨌든, 자기 연민이 뭐가 문제란 말인가?
분화구 가장자리 너머로 익숙하게
두 다리를 내밀고 앉아, 나는 스스로 말했다.
"연민은 편안한 곳에서 시작되어야 해." 그래서
연민을 더 많이 느낄수록, 나는 더욱 편안해졌다.

태양이 바다로 저물었다. 똑같은 이상한 태양이
바다에서 떠올랐다.
태양도 하나, 나도 하나였다.
섬에는 모든 게 하나씩 있었다.
한 가지 나무 달팽이, 밝은 보랏빛 파란색
얇은 껍데기를 가진 달팽이가 모든 것 위를 기어다녔다.
섬의 한 가지 종류 나무,
그을음 같은 덤불 나무 위를.

이 나무 아래 달팽이 껍데기가 쌓여 떠다녔는데,
멀리서 보면
붓꽃의 밭 같았다.
단 한 가지 종류의 열매는 검붉은색이었다.
한 번에 하나씩, 몇 시간 간격으로 먹어보았다.
약간 신맛이 났지만 나쁘지 않았고 부작용도 없었다.
그래서 집에서 직접 술을 빚었다.
그 끔찍하고 톡 쏘는 발포성 물질을 마셨더니
곧장 머리까지 술기운이 올라왔고
나는 집에서 직접 만든 플루트를 연주하며
(세상에서 가장 기괴한 음계를 가진 악기였을 듯)
어지러운 몸으로 염소들과 함께 소리를 지르며 춤췄다.
집에서 만들었다! 집에서 만들었어! 하지만 우리 모두
    그런 존재가 아닌가?
나는 내 섬의 가장 작은 산업을 향해
깊은 애정을 느꼈다.
아니, 꼭 그런 건 아니었다. 가장 작은 것은
비참한 철학이었으니까.

그건 내가 잘 몰랐기 때문이었다.
나는 왜 뭔가를 잘 몰랐을까?
그리스비극도 천문학도? 내가 읽은
책들은 빈칸투성이였다.
시들은—뭐, 나는 나의 붓꽃밭을 향해
시를 암송해 보려고 했다.
"그들은 내면의 눈에 떠오르고,
그것은 축복이니…" 무슨 축복이었더라?

여기 돌아와 가장 먼저 한 일은
그 시구절을 찾아본 것이었다.

섬은 염소와 새똥 냄새로 가득했다.
염소들은 하얗고, 갈매기도 하얗고,
둘 다 너무 길들었거나, 아니면 나를
염소나 갈매기로 생각했다.
매애 매애 매애 또 끼룩 끼룩 끼룩,
매애… 끼룩… 매애… 그 소리가 아직도
귓가를 맴돌며 나를 괴롭힌다.
쉭쉭거리는 비와
쉭쉭거리며 움직이는 거북들의 땅 너머로
질문을 던지는 끼룩 소리와 모호한 대답들이
내 신경을 건드렸다.
갈매기가 한꺼번에 날아오를 때면 그 소리가
강풍에 흔들리는 큰 나무, 그 잎의 소란 같았다.
나는 눈을 감고 나무를 떠올렸다,
어딘가에 진짜 그늘을 드리운 참나무 한 그루를.
소가 섬병에 걸린다는 소리를 들은 적이 있다.
염소들도 그런 것 같았다.
어떤 수컷 염소가 화산 위에 서 있었다.
내가 희망봉 혹은 절망봉이라 이름 붙인 화산이었다
(나는 시간이 많아서 이름을 지으며 놀았다),
염소는 매애 매애 울며 공기 냄새를 킁킁거렸다.
염소 수염을 붙잡고 녀석을 들여다보면
가로로 좁아진 그의 동공은
어떤 것도 표현하지 않거나 약간의 악의를 보였다.

나는 그 색깔들조차 지겨워졌다!
어느 날 나의 붉은 열매로 새끼 염소 한 마리를
새빨갛게 물들였다. 뭔가 색다른 것을
보고 싶었을 뿐이었다.
그러자 어미 염소가 제 새끼를 알아보지 못했다.

꿈이 가장 끔찍했다. 물론 음식이나
사랑에 관한 꿈도 꾸었지만, 그런 꿈은 차라리
유쾌한 편이었다. 어느 날엔 새끼 염소인 줄 알고
아기의 목을 그어버리는
그런 꿈들도 꾸었다. 다른 섬들에 대한
악몽도 꾸었다.
내 섬에서 뻗어나간 섬들이 무한히
많은 섬으로 퍼져, 개구리알이 올챙이로 변하듯
섬이 섬을 낳는 꿈. 나는 그 모든 섬마다 한 번씩
살면서, 결국
오래오래, 섬들의 식물과
동물과 지리를 조사하며
살아야만 했다.

단 한 순간도 더는 참을 수 없을 것
같았을 때 프라이데이가 왔다.
(그 이야기에 관해선 전부 잘못 알고 있다.)
프라이데이는 착했다.
프라이데이는 착했고, 우리는 친구가 되었다.
그가 여자였다면 얼마나 좋았을까!
나는 나의 동족을 번식하길 원했고

가엾은 그 친구도 그랬을 것이다.
그는 가끔 새끼 염소들을 쓰다듬거나
그들과 달리기하거나 한 마리를 안고 다녔다.
―그 모습이 어여뻤다. 그는 몸이 어여뻤으니까.

그러던 어느 날 사람들이 와서 우리를 데려갔다.

이제 나는 여기, 또 다른 섬에 산다.
얼핏 섬처럼 보이지는 않지만, 그런 걸 누가 정한단
    말인가!
내 피는 여전히 섬으로 가득하고, 내 머리는
섬을 만들어냈다. 그러나 그 군도는
이제 희미해졌다. 나는 늙었다.
진짜 차를 마시며 재미없는 잡동사니
사이에서 지루함을 느낀다.
저기, 선반 위에 있는 칼―
그것은 십자가처럼, 의미로 가득 찼었다.
그것은 살아 있었다. 얼마나 오랫동안 나는
그 칼이 부러지지 않게 해달라고 빌고 또 빌었던가?
여기저기 새겨진 자국도, 긁힌 자국도 다 기억한다.
푸르스름한 칼날도, 부러진 끝도,
손잡이의 나뭇결 하나하나까지…
이제 그 칼은 나를 쳐다보지도 않는다.
살아 있는 영혼이 방울방울 빠져나가 버렸다.
내 눈은 칼을 보았다가 다른 곳으로 넘어간다.

지역 박물관에서 그 모든 걸

기증해달라 요청했다.
플루트며, 칼이며, 쪼그라든 구두며,
털이 다 빠지고 있는 염소 가죽 바지에
(모피에 좀이 슬었다)
뼈대를 어떻게 맞춰야 펴지는지
한참 걸려 알아낸 파라솔까지.
파라솔은 아직 쓸 수 있겠지만, 접어놓으면
깃털 뽑힌 말라깽이 새처럼 보인다.
도대체 누가 이런 걸 원한단 말인가?
―그리고 프라이데이, 나의 사랑하는 프라이데이는
17년 전 다가오는 3월에 홍역으로 죽었다.

밤의 도시

[비행기에서]

어떤 발도 견딜 수 없을걸,
구두가 너무 얇아.
깨진 유리, 깨진 병들,
그 더미들이 타올라.

저 불 위를
누구도 걸을 수 없어.
저 타오르는 산과
얼룩진 피들 위를.

도시가 눈물을 태운다.
한데 모인
아콰마린 호수가
연기를 뿜기 시작한다.

도시가 죄책감을 태운다.
─죄책감을 처리하려면
한가운데 열기가
이 정도로 강렬해야 한다.

투명한 림프,
밝고 팽팽한 피,

금빛 덩어리로
바깥으로 튀어나와

어둠 속 외곽에서
녹아내려 흐르는
초록색으로 빛나는
규산염 강으로.

타르 웅덩이는
어느 거물이
혼자서 흘린 눈물,
검어진 달.

또 다른 이가 울며
마천루를 세웠어.
봐! 백열하는
전선이 떨어져 내리잖아.

거대한 화염이
끔찍한 진공 속에서
공기를 찾아 싸운다.
하늘은 죽었고.

(그래도 여전히, 생명체들이 있어,
조심스러운 이들이, 머리 위에.
그들이 발을 내딛고 걷잖아,
초록, 빨강, 초록, 빨강.)

큰사슴

그레이스 부머 바워스*에게

물고기와 빵과 차의
좁은 지방을 떠나온다,
하루에 두 번
만이 바다를 떠나
저 멀리 청어 떼를 태우고 가는
긴 조수의 고향을.

강이 갈색 거품 벽을 세우고
들어오는지
물러나는지가
돌아오는 만과 만났는지
만이 아직 돌아오지 않았는지에
달린 곳.

붉은 갯벌에,
때로는 붉은 바다를 마주하고
해가 지고,
때로는, 습지의 라벤더빛 비옥한 진흙을
핏줄처럼 도드라지게 해
불타는 실개울로 흘러내리게 하는 곳.

붉은 자갈길 위로,
줄지어 선 설탕단풍 나무를 지나,
조개껍데기처럼 골이 진, 빛바랜
물막이 판자 농가들과
깔끔한 물막이 판자 교회들을 지나,
쌍둥이 은빛 자작나무를 지나서,

늦은 오후 내내
버스는 서쪽으로 달린다.
앞 유리창이 연홍빛으로 물든다.
연홍은 금속처럼 번득이며,
낡아빠진 푸른 법랑을 씌운
움푹 팬 버스 옆구리를 쓸고 지나간다.

덜커덩 내려갔다, 덜커덩 올라오고,
한참을 기다린다, 참을성 있게,
승객 한 사람이
일곱 친척에게
입 맞추고 포옹하고,
양치기 개 한 마리가 지켜보는 동안.

느릅나무여 안녕,
농장이여 안녕, 개여 안녕.
버스가 출발한다. 빛이
점점 짙어진다. 안개가,
짭조름하고, 옅은 안개가 모양을 바꿔가며
가까이 다가온다.

차갑고 둥근 안개의 결정들이
맺혔다가 미끄러져 깃든다.
흰 암탉들의 깃털에,
잿빛 윤기가 흐르는 양배추에,
꽃배추 위에
열두제자 같은 루피너스꽃 위에도.

허옇게 탈색한 울타리 위
축축하게 젖은 흰 줄에
스위트피꽃이 매달리고,
뒤영벌들
디기탈리스꽃으로 기어들면,
저녁이 시작된다.

배스강에서 한 번 정차.
다음은 이코노미스 마을—
아랫마을, 가운데 마을, 윗마을,
파이브 아일랜즈, 파이브 하우지스,
거기서 한 여자가 저녁 먹은
식탁보를 턴다.

희끄무레한 깜박임. 사라지고.
탄트라마 늪과
말린 소금풀 냄새.
철교는 떨고
헐거운 바닥 널판이 덜컹거리지만
빠지지는 않는다.

왼편에, 붉은빛이
어둠을 뚫고 헤엄친다.
배의 좌현 등불이다.
밝고 경건한
고무장화 두 짝이 보인다.
개가 한 차례 짖는다.

장바구니 두 개를 든
여자가 올라탄다.
씩씩하고, 주근깨가 가득, 늙었다.
"대단한 밤이에요. 예, 기사님,
보스턴까지 쭉 가요."
여자는 우리를 상냥하게 바라본다.

북슬북슬, 따끔따끔, 깔쭉깔쭉한
뉴브런즈윅 숲에 들어서니
달빛이 비친다.
초원의 덤불에 걸린
새끼 양의 털처럼
달빛과 안개가 숲속에 붙들렸다.

승객들이 뒤로 눕는다.
코를 골고, 누구는 긴 한숨을 쉰다.
밤이면 꿈결 같은
방랑이 시작된다.
부드럽게, 귀에 감기는,
느릿한 환각이…

삐걱거림과 소음 속에
오래된 대화가 들린다.
―우리를 신경 쓰지 않는 대화―
하지만 알아들을 수는 있는 말들이, 저기 어디,
버스 뒤쪽에서 들려온다.
할아버지들의 목소리가

끊기지 않고
영원 속에서 들려온다.
이름들이 언급되고,
마침내 정황이 드러나고,
남자가 뭐라고 했는지, 여자가 뭐라고 했는지,
누가 퇴직했는지,

죽음들, 죽음들과 아픔들도.
남자가 어느 해 재혼했고,
(어떤 일이) 어느 해 일어났는지.
그 여자는 아이를 낳다가 죽었어.
그때 실종된 이가 그 아들이야
그 범선이 가라앉았을 때 말이야.

그는 술꾼이 되었지. 그래.
그 여자는 나쁜 길로 빠졌어.
아모스가 가게 안에서도
기도를 시작하자
결국 그 가족이
그를 내보냈잖아.

"그래…" 그 특이한
긍정. "그래…"
날카롭게 들이마시는 숨,
반은 신음이고 반은 인정인,
그것은 "사는 게 그렇지.
우리도 그걸 알아(그리고 죽음도)"라는 뜻.

그들은 말했다,
오래된 깃털 침대 속에서,
평온하게, 계속 또 계속,
현관에 희미한 전등을 켜놓고,
부엌에 내려가, 개를
숄 안에 품고 말하는 것처럼.

이제는, 괜찮다 이제는
잠이 들어도 괜찮다,
그런 밤들이면 늘 그랬듯이.
—순간 갑자기 버스 기사가
덜컥하고 차를 세우더니,
등을 끈다.

큰사슴 한 마리가
헤아릴 수 없이 깊은 숲에서 나와
거기 서 있다, 아니 슬그머니 다가온다,
도로 한가운데서.
녀석이 다가온다. 쿵쿵댄다.
뜨거운 버스 덮개를.

뿔 없이 우뚝 솟은 모습은
교회처럼 고귀하고,
집처럼 소박하다
(혹은 집처럼 안전하다).
한 남자의 목소리가 우리를 안심시킨다.
"절대로 해치지 않아요…."

몇몇 승객이
속삭이며 감탄한다,
어린아이처럼, 나지막이,
"정말 큰 짐승이야."
"너무 못생겼다."
"봐! 암놈이야!"

천천히 시간을 들여
큰사슴은 버스를 굽어본다,
위엄 있게, 초연하게.
왜, 우리는 왜
(우리 모두) 이토록 달콤한
기쁨의 감각을 느끼는 걸까?

"호기심 많은 동물이에요."
우리의 조용한 기사가 말한다,
r 발음을 굴리면서.
"저걸 보세요, 여러분."
이윽고 그는 기어를 바꾼다.
잠시 조금 더 오래,

뒤쪽으로 고개를 빼면,
큰사슴을 볼 수 있다,
달빛 내린 포장도로 위에.
잠시 후 희미하게
큰사슴 냄새가, 톡 쏘는
휘발유 냄새가 풍겼다.

* 일곱 살 비숍이 노바스코샤 외가에 살러 갔을 때 함께 살았던 이모.

12시 뉴스

탁상용
스탠드

다들 아시다시피, 오늘 밤은 전 세계의 반에 보름달이 뜹니다. 하지만 이곳 달은 미동도 없이 하늘에 매달린 것처럼 보이네요. 빛도 거의 없고, 죽은 듯 보이기도 합니다. 시야가 흐립니다. 그럼에도 우리는 이 지역의 지형과 현재 상황을 어느 정도 설명해 보고자 합니다.

타차기

중앙 평원에 돌연 솟아오른 절벽은 짙은 그림자에 가려져 있지만, 남쪽 경사면의 정교한 계단식 지형이 희미한 빛을 받아 물고기 비늘처럼 보입니다. 저 작고 독특한 모양의 계단식 논은 얼마나 끊임없는 노동의 결과일까요! 하지만 이 작은 공국의 번영이 바로 저 논에 달려 있습니다.

원고 더미

약 한 시간 전 북서쪽에서 작은 산사태가 발생했습니다. 드러난 토양은 거의 흰색에 석회질과 혈암으로 질이 별로 좋지 않아 보입니다. 인명 피해는 없었던 것으로 보입니다.

|타차 용지| 우리 방송사의 항공정찰에 따르면 거의 정북 쪽에 지금까지 알려지지 않았던, 명백히 인공적인 커다란 직사각형 '들판'이 발견되었습니다. 검은 반점들이 보이는데요. 혹시 활주로일까요? 아니면, 묘지일까요?

|봉투| 이 작은 후진국은 오늘날 세계에 남은 가장 낙후한 나라 중 하나로 통신이 원시적이고 '산업화'와 그 산물은 거의 존재하지 않습니다. 그럼에도 이상하지만, 이곳 간판들은 정말이지 거대한 규모를 자랑합니다.

|잉크병| 우리는 또한 동쪽 어딘가에 기묘한 형태의 정체불명 검은 구조물이 있다는 보고도 받았습니다. 이 구조물은 표면이 매우 반들거려 아주 희미한 달빛까지 반사하기 때문에 존재가 드러났습니다. 이 나라의 천연자원은 아직 완전히 알려지지 않아서 이 구조물 자체가 강력하고 무시무시한 '비밀 무기'이거나, 무기를 보유하고 있을 가능성이 있습니다. 그러나 이 나라 사람들에 관해 우리가 익히 아는 바, 인류학자들과

사회학자들이 전한 바에 따르면, 그 건물은
단지 신성한 존재 혹은 어느 신을 위해
세운 거대한 제단일 가능성도 있습니다. 현재
이들이 처한 미신적이고 무력한 역사
상황에서 이 신들은 마법의 힘을 부여받은
'구세주'이자 어려운 상황에서 구해줄 마지막
희망으로 여겨지고 있을지도 모릅니다.

마침내! 그동안 만나기 어려웠던 현지인을
한 명 발견했습니다! 그는 외발자전거를 탄
배달원이나 배달원이었던 것으로 보이는데,
<u>타차기용</u> 빛의 속임수 때문에 높은 절벽에서 떨어져
<u>지우개</u> 목숨을 잃었을 가능성이 있습니다. 살아
있었다면 그는 작고, 이곳 원주민답게 숱이
많고 뻣뻣한 검은 머리털을 가진, 자부심
강하고 당당한 사람이었을 것입니다.

더 높은 우리 위치에서 보면 아마도 참호나
포탄 구덩이, 혹은 병사의 '둥지'로 보이는
곳들이 뚜렷하게 보입니다. 그들은 모두
'겨울 전투'를 위해 고안된 위장 '전투복'을
<u>재떨이</u> 입고 한데 쌓여 있습니다. 전부 죽은 채
끔찍하게 뒤엉켜 있습니다. 적어도 여덟 구의
시신이 보입니다. 이 군복은 이 나라에서
유일하게 눈이 덮인 산 정상에서 게릴라전을
치르기 위해 고안되었습니다. 이 가엾은
군인들이 여기 평원에서 이런 군복을 입고

있다는 사실은 우리의 적인 이 이해할 수 없는 민족이 얼마나 어리석고 절망적일 만큼 실용성이 모자라는지, 혹은 지도부의 부패가 얼마나 비참한 지경인지 보여주는 추가 증거이기도 합니다. 물론 증거가 필요하다면 말입니다.

시

미국이든 캐나다든,
구권 달러 지폐만 한 크기,
대체로 같은 흰색과 회녹색, 강철빛 회색으로 그려진
—이 작은 그림은(더 큰 그림을 위한 스케치일까?)
평생 돈을 벌어본 적이 없다.
쓸모없고 자유로이, 70년 동안
가문의 소소한 유품으로 남아
때로는 주목받고 때로는 무시당하며
주인들 손에 간접적으로 전달되었다.

배경은 틀림없이 노바스코샤일 것이다. 그곳에서만
볼 수 있는 목조 박공지붕 집이
끔찍한 갈색으로 칠해져 있다.
보이는 다른 집들은 흰색이다.
느릅나무들, 낮은 언덕들, 가느다란 교회 첨탑
—저 회청색으로 길게 뻗은 조각—맞나? 전경에는
물가 초원과 작은 소들,
붓질 두 번으로 그렸지만 틀림없이 소다.
푸른 물속엔 미세한 흰 거위 두 마리가
등을 맞대고 먹이를 먹는다. 그리고 비스듬한 막대 하나.
좀 더 자세히 들여다보면, 노란색과 흰색의 야생 붓꽃이
물감 튜브에서 갓 짜낸 듯 생생하다.

공기는 신선하고 차갑다. 회색 유리처럼
맑고 차가운 이른 봄이다. 강철빛 회색의 폭풍 구름 아래
반 인치 정도의 푸른 하늘이 있다.
(그게 그 화가의 전문 분야였다.)
점 같은 새 한 마리 왼쪽으로 날아간다.
아니면 새처럼 보이는 파리똥인가?

아, 이곳을 알아보겠다. 내가 아는 곳이다!
저기 뒤편에—그 농부의 이름도 기억날 듯하다.
그의 헛간이 저 초원과 맞닿아 있었다. 저기 있다,
티타늄 흰색으로 된 하나의 점. 첨탑의 기미,
붓털의 실타래 같은 흔적, 거의 보이지 않지만,
틀림없이 장로교 교회다.
그렇다면 저건 미스 길레스피의 집일까?
저 특정 거위와 소들은
분명 내가 태어나기 전의 것들이다.

한 시간 만에 완성된 스케치다, "단숨에."
일단 트렁크에서 꺼낸 다음 건네졌다.
이거 가질래? 아마도 나는
다시는 이걸 걸어둘 공간이 없을 거야.
네 삼촌 조지, 아니 나의 삼촌 조지가,
네게는 종조부가 되는 분인데, 영국으로 돌아가면서
어머니에게 전부 남기고 갔어.
너도 알다시피, 그분은 꽤 유명했어, R.A.*였으니까…

나는 그분을 몰랐다. 하지만 우리 둘 다 이곳을 알았다.

분명히, 말 그대로 작고 후미진 이곳을
전부 외워버릴 만큼 오래 보았다.
시차가 있지만, 참 이상도 하지. 이곳은 여전히 사랑받는다.
아니면 이곳에 대한 기억이 사랑받거나(분명 많이 변했을
 텐데).
우리 시선이 일치했다—"시선"은
너무 진지한 단어이고—우리가 보는 것, 두 사람이 보는
 것이.
예술은 "삶의 모방"이자 삶 자체,
삶과 삶의 기억은 압축되어
서로 뒤섞여 버린다. 도대체 뭐가 뭐지?
삶과 삶의 기억은 작게 응축되어
흐릿하게, 브리스틀 보드지 한 조각 위에도 올라가지만,
흐릿하나마, 세부는 얼마나 생생하고 감동적인지,
—우리가 공짜로 얻는 그 작은 것들,
우리가 지상에서 신뢰하는 그 작은 것들. 많지 않다.
우리가 함께하는 만큼이다.
그들과 함께하는 만큼이다. 풀을 뜯는 소들,
바스락거리며 떠는 붓꽃, 여전히
봄의 홍수로 생긴 물웅덩이,
아직 해체되지 않은 느릅나무들, 거위들.

 * 영국 왕립예술원 회원(Royal Academician)의 약자다.

한 가지 기술

잃어버리는 기술을 익히기란 어렵지 않다.
많은 일이 언젠가는 잃을 의도로 가득해 보이니
상실이 꼭 재앙은 아니다.

매일 뭔가를 잃어버릴 것. 문 열쇠를 잃었다는
당혹감을, 허투루 보낸 한 시간을 받아들일 것.
잃어버리는 기술을 익히기란 어렵지 않다.

더 많이 잃고, 더 빨리 잃는 연습을 할 것.
장소들을, 이름들을, 여행하려고 마음먹었던 곳들을.
이것들을 잃었다고 재앙이 오지는 않는다.

나는 어머니의 시계를 잃어버렸다. 그리고 보라! 사랑했던
세 집 중 마지막 집, 아니 끝에서 두 번째 집도 사라졌다.
잃어버리는 기술을 익히기란 어렵지 않다.

나는 두 도시를 잃었다. 아름다운 도시들. 내가 가졌던
더 넓은 영토들, 두 개의 강과 하나의 대륙을.
그들이 그립지만, 그렇다고 재앙은 아니었다.

—심지어 당신을 잃는대도(농담하던 그 목소리, 내가
사랑한 그 몸짓을) 내 말은 거짓이 아니다. 분명히
잃어버리는 기술을 익히기란 그리 어렵지 않다,
당장은 (그냥 써!) 재앙처럼 보이겠지만.

3월의 끝

존 맬컴 브리닌과 빌 리드*에게: 덕스베리

춥고 바람이 불어, 그 긴 해변을 걷기엔
별로 좋은 날이 아니었다.
모든 게 최대한 멀리 물러나 있었다.
쭉 빨아들인 듯, 물은 빠져 있었고, 바다는 쪼그라들었으며,
바닷새들은 한두 마리씩 흩어져 있었다.
요란하고 얼음같이 차가운 바닷바람이
우리 한쪽 뺨을 얼얼하게 마비시켰고,
외로운 캐나다 기러기 비행대의
대형을 무너뜨리며,
소리 없이 낮은 파도를
곧게 선 강철빛 해무 속으로 돌려보냈다.

하늘은 물보다 더 어두웠다.
—그것은 양고기 기름 같은 옥빛이었다.
고무장화를 신고, 젖은 모래를 따라, 우리는
커다란 개 발자취를 쫓아갔다(너무 커서
사자 발자국처럼 보였다). 이윽고 우리는
길고 긴, 끝없이 이어진, 젖은 흰 실타래를 만났다.
흰 실타래는 물가까지 올라왔다가 물속으로 내려가길
반복했다. 마침내 그 실타래도 끝났다.
사람 크기만 한, 두껍고 하얀 뒤엉킴이, 물에 씻긴 채
모든 파도마다 물에 젖은 유령처럼 떠올랐다가,

젖은 채로 다시 가라앉고, 결국 유령처럼 사라졌다…
연줄이었을까?—하지만 연은 없었다.

나는 내 원형—꿈의—집까지 닿고 싶었다.
나의 비밀—꿈의—집, 기둥 위에 세워진
구부러진 상자, 지붕널은 초록색,
뭐랄까, 아티초크 같은 집이지만 더 진한 초록색이고
(베이킹소다를 넣고 삶은 것처럼?),
울타리가—철로 침목으로 만들었을까?
봄철 파도를 막아주는 집.
(이곳은 많은 것들이 의심스럽다.)
나는 그곳으로 은퇴해서 아무것도 안 하고 싶다.
아니면, 두 개의 빈방에서, 영원히, 그저
망원경으로 바라보고, 지루한 책을 읽고,
아주 길고 긴 오래된 책을, 또 쓸모없는 메모를 적고,
혼잣말하고, 안개 낀 날에는
빛으로 무거워진 물방울이 미끄러지는 것이나 보고 싶다.
밤이면 미국식 칵테일 한 잔.
부엌 성냥으로 술에 불을 붙이면
투명하게 푸른 아름다운 불꽃이
흔들리며 창문에 비칠 것이다.
분명 난로가 있을 것이고, 굴뚝도 있을 것이다.
비스듬하지만 철사로 고정한 굴뚝이,
그리고 아마도, 전기가 있을 것이다.
—적어도, 뒤쪽에 또 다른 철사가
이 모든 것을 느슨하게
모래언덕 뒤쪽의 무언가와 묶어놓을 것이다.

책을 읽을 불빛은—완벽해! 하지만—불가능하다.
게다가 그날 바람이 너무 차가워서
그렇게 멀리 갈 수 없었고,
당연히 집은 판자로 막혀 있었다.

돌아오는 길에 반대편 뺨이 얼어붙었다.
잠깐 해가 나왔다.
잠시 모래에 둘러싸인
칙칙하고, 축축하고, 흩어진 돌들이
다채로운 색을 띠었고,
높이 솟은 돌들은 긴 그림자를, 각자의 그림자를
드리웠다가, 다시 거두어들였다.
돌들이 사자 태양을 놀리는 것만 같았다.
이제 사자는 그들 뒤에 있지만
—마지막 간조 때 해변을 걸으며
그 크고 장엄한 발자국을 남겼을지도,
아마 그 큰 연을 가지고 놀려고 하늘에서 까딱거렸을지도.

* 두 사람은 미국의 시인이자 평론가로 함께 매사추세츠주 덕스베리에
  살았고, 『현대 시인들(The Modern Poets)』『20세기 시(Twentieth Century
  Poetry)』 등이 영미 시 앤솔러지를 같이 묶어 냈다.

사물과 유령들

조지프 코넬*에게

나무와 유리로 된 육면체 상자들,
구두 상자보다 조금 더 클 뿐이지만,
그 안에 밤과 밤의 모든 빛이 담겨 있다.

모든 순간에 바치는 기념비,
이미 써버린 모든 순간의 쓰레기,
영원을 가두는 새장.

구슬, 단추, 골무, 주사위,
핀, 우표, 유리알,
시간이 들려주는 이야기들.

기억이 메아리를 짰다가 푸는 동안,
상자의 네 귀퉁이에서
그림자 없는 여인들이 숨바꼭질하고.

거울에 묻힌 불,
마노 속에 잠든 물.
제니 콜론과 제니 린드의 독창.

"그림은 범죄를 저지르듯이 완성되어야 한다."
드가가 말했다. 그러나 당신은 상자를 만들었고
사물들은 그 이름으로부터 서둘러 달아났다.

환영의 슬롯머신,
대화를 응축하는 플라스크,
귀뚜라미와 별자리의 호텔.

앞뒤가 맞지 않는 아주 작은 파편들,
역사가 폐허를 만든 자리의 반대편에서,
당신은 그 폐허로부터 창조를 이루었다.

영혼의 극장에선
사물들이 정체성의 법칙을
곡예처럼 넘나든다.

"쿠론의 그랜드 호텔": 작은 병 속에
세 개의 곤봉과 몹시 놀란
엄지공주가 반사의 정원에 들어 있다.

빗은
말 못 하는 소녀가
눈길로 뜯는 하프다.

내면의 눈의 거울이
광경을 흩뿌리고,
신은 사라진 세상 위에 홀로 존재한다.

유령이 나타나면,
그 몸은 빛보다 가벼워
이 문장만큼 오래 머물 것이다.

조지프 코넬: 당신의 상자 속에서
내 말들이 언뜻 모습을 드러냈다.

옥타비오 파스의 스페인어 시를 번역함.

* 미국의 미술가로 오브제나 콜라주를 작은 무대 모양 상자에 넣고
  시적 연상을 상기하는 작품 세계를 추구했다.

다섯 층 위

아직 어둡다.
이름 모를 새가 늘 앉는 가지 위에 앉는다.
옆집 작은 개가 잠결에
궁금한 듯 짖는다, 딱 한 번.
아마 새도 잠결에, 한두 번,
떨면서, 무언가를 묻는지도.
질문들—그것이 정말로 질문이라면—
하루 자체가
곧바로, 간단히 대답했다.

거대한 아침, 무겁고, 세심한 아침.
회색빛이 벌거벗은 나뭇가지마다,
각각의 잔가지마다, 한쪽 면을 따라 번지며,
유리 잎맥이 뻗은 또 다른 나무를 만들어낸다…
새는 아직 거기 앉아 있다. 이제 하품하는 것처럼 보인다.

작고 검은 개가 마당을 뛰어다닌다.
주인의 목소리가 엄중히 들려온다.
"부끄러운 줄 알아야지!"
녀석은 무슨 잘못을 저지른 걸까?
그는 명랑하게 위아래로 풀쩍풀쩍 뛰고
떨어진 낙엽 속을 맴돌며 달린다.

분명, 그는 부끄러움을 모른다.
그도 새도 모든 것에 답을 얻었고,
모두 해결되었으니,
다시 물을 필요가 없다.
―어제가 오늘로 이리 가뿐히 넘어오지 않았나!
(나에겐 들어 올릴 수 없을 만큼 무거운 어제였지만.)

시집에 묶이지 않은 새 시들

NEW AND
UNCOLLECTED
POEMS
(1978–1979)

산타렝*

물론 나는 모든 걸 틀리게 기억하고 있을지도 모른다.
그토록 오랜 시간이 흘렀으니—몇 년이더라?

그 황금빛 저녁에 나는 정말로 더는 가고 싶지 않았다.
무엇보다 그곳에 잠시 머무르고 싶었다.
거대한 두 강, 타파조스와 아마존이
장대하고 고요하게 동쪽으로 흘러가다 만나는 그곳에서.
갑자기 집들이 나타났고 사람들과 앞뒤로 스쳐 가는
수많은 잡종 배들이 나타났다.
아름다운 하늘 아래, 아래쪽이 빛나는 구름들,
모든 것이 한쪽 면을 따라 금빛으로 빛나고,
모든 것이 밝고, 즐겁고, 평온한—적어도 그래 보였다.
나는 그곳이 좋았다. 그곳의 개념이 마음에 들었다.
두 개의 강. 두 개의 강은 에덴동산에서
시작되지 않았던가? 아니다, 그건 네 개였고
하나에서 갈라졌다. 이곳엔 오직 두 개의 강이 있고
하나로 합해진다. 누군가 문학적 해석에
마음이 끌린다 해도,
일테면 삶/죽음, 옳음/그름, 남성/여성
—이런 개념들은 저 물결치는, 눈부신 변증법에
이끌려, 녹아들어, 곧장 사라졌을 것이다.

교회, 아니 대성당 앞에는

수수한 산책로와 전망대가 있었는데,
곧장 강으로 떨어져 내릴 듯 위태로웠다.
땅딸막한 야자수, 잉걸불 화로처럼 화려하게 타오르고,
단층의 건물들은 푸른색이나 노란색 회반죽을 칠했으며,
어떤 집은 정면을 미나리아재비 노란색 타일로 마감했다.
거리는 의례적인 오후 비에 젖은
어두운 황금빛 강모래로 가득하고,
온순하고, 당당하며, 푸른 혹소 무리가
아래로 굽은 뿔과 늘어진 귀를 내세우고
튼튼한 바퀴가 달린 수레를 끌며 터벅터벅 걸었다.
혹소의 발굽과 사람들의 발이
황금빛 모래를 걷느라
황금빛 모래에 젖었고,
유일하게 들려오는 소리는
끼익끼익, 쉿, 쉿, 쉿이 전부였다.

정신없이 배를 타느라 두 강은 분주했다—사람들이
모두 마음을 바꾼 듯, 배에 타거나,
배에서 내리거나, 허술한 나룻배의 노를 저었다.
(남북전쟁 이후 남부의 일부 가문이 이곳으로 왔다.
여기서는 여전히 노예를 소유할 수 있었다.
그들은 이따금 파란색 눈과 영어 이름,
그리고 노를 남겼다. 아마존강 4000마일 전 구간 중
다른 누구도, 또 다른 어떤 곳에서도
노를 젓지 않는다.)
열두 명 남짓한 수녀들이 흰색 옷을 입고
벌써 해먹을 걸고 증기를 피워 올리며 가는

낡은 증기 외륜선에서 즐겁게 손을 흔든다.
—오직 하느님만 아는 머나먼 지류로
며칠간의 선교를 떠나는 길이다.
외륜선들, 흔들리는 무수한 통나무배들…
그중 하나에 암소 한 마리가 꽤 침착하게 서서
꼴을 씹으며 이동 중이다.
기울고, 흔들리며, 어디론가, 아마 짝을 지으려고.
기울어진 돛대와 보라색 돛을 단
강 범선이 너무 가파르게 기울어서
뱃머리가 교회에(아니, 대성당에!)

닿을 것만 같다. 일주일 전쯤
뇌우가 일었고, 성당은
벼락을 맞았다. 탑 하나가
넓은 지그재그 모양으로 전체에 금이 갔다.
기적이었다. 바로 옆의 사제관도
역시 벼락을 맞아 사제의 황동 침대가
(마을에서 유일한 것이) 검게 도금되었다.
하느님께 감사합니다(Graças a deus)—사제는 벨렝에
    있었다.

파란색 약국에서 약사는
빈 말벌 둥지를 선반에 걸어두었다.
작고, 정교하고, 깨끗한 무광 백색에
석고만큼 단단했다. 그것을 하도 칭찬했더니
그가 나에게 주었다.
그때—내 배의 경적이 울렸다. 떠나야 했다.

갑판으로 돌아가자 동료 승객 스완 씨가,
네덜란드 사람이자 필립스 전기회사의 은퇴한 중역,
정말로 친절한 노인이고
죽기 전에 아마존을 보고 싶어 했던 그 사람이
물었다. "그 흉한 물건은 대체 뭐죠?"

1978

* 브라질 북부의 항구도시로 아마존강과 타파조스강의 합류 지점에 있다.

노스헤이번

로버트 로웰을 기리며

나는 1마일 떨어진 범선의 삭구를
알아볼 수 있어. 나는 가문비나무에
새로 생긴 솔방울을 셀 수 있어. 이렇게 고요한 날
창백한 만은 우윳빛 막을 둘렀고, 하늘엔
털을 세운 길쭉한 말꼬리 구름 말곤 아무것도 없거든.

섬들은 지난여름 이후 변하지 않았어.
나는 뭐라도 변한 것처럼 생각하고 싶지만.
— 섬들이 꿈꾸듯이 천천히
조금씩 북쪽으로, 남쪽으로, 옆으로 떠다니는 것처럼,
오직 섬들만이 만의 푸른 경계 안에서 자유로운 것처럼.

이번 달, 우리가 좋아하는 섬들은 꽃으로 가득해.
미나리아재비, 붉은토끼풀, 자주색 살갈퀴,
여전히 불타고 있는 조팝나물, 다채로운 데이지, 좁쌀풀,
향기로운 갈퀴덩굴의 빛나는 별들,
더 많은 꽃들이 돌아와 기쁨으로 들판을 물들이고 있어.

황금방울새들도 돌아왔어, 혹은 그 비슷한 새들이.
그리고 흰목참새가 오음계로 노래하며
애원하고 애원하는 바람에 눈물이 흘러.

자연은 스스로 반복하거나 거의 그렇게 하지.
반복, 반복, 반복, 수정, 수정, 수정.

몇 년 전 당신이 내게 말했잖아. 여기서
(1932년이었나?) 처음으로 "여자들을 발견했고"
배 모는 법을 배웠으며, 키스하는 법을 배웠다고.
당신은 "정말 재미있었어" 하고 말했지, 그 고전적인
    여름에.
("재미"—당신은 언제나 그 단어를 난감해했어…)

당신이 노스헤이번을 떠났을 때, 그곳은 바위에 닻을
    내리고
신비로운 푸른 물결 속에 떠 있었잖아… 그러고
    지금—당신은 떠났지,
영원히. 당신은 다시는 내 시를 흩트리거나 재배열할 수
없어. (하지만 참새들은 노래할 수 있어.)
언어는 다시는 변하지 않을 거야. 슬픈 친구여, 당신은
    변할 수 없을 거야.

1978

분홍 개

[리우데자네이루]

태양은 작열하고 하늘은 파랗다.
파라솔은 온갖 색으로 해변을 덮고 있다.
벌거벗은 몸으로, 너는 대로를 가로질러 총총 걷는다.

아, 저토록 털 없는 개는 처음 본다!
벌거벗은 분홍색 개라니, 털 오라기 하나 없는…
행인들이 깜짝 놀라 뒷걸음질 치며 바라본다.

물론 그들은 치명적인 광견병을 두려워할 테지.
하지만 넌 미치지 않았다, 옴에 걸렸을 뿐.
게다가 영리해 보여. 새끼들은 어디에 두었니?

(젖이 늘어진 걸 보니 젖 먹이는 어미로구나.)
어느 빈민가에 새끼들을 숨겼니, 가엾은 것,
재치를 짜내어 구걸하는 동안?

몰랐어? 신문에 다 났었는데.
거지를 처리하는 방법, 그 문제를 해결하는 방법 말이야.
다 붙잡아서 밀물과 썰물이 흐르는 강에 던져버린대.

그래, 바보들, 중풍 환자들, 기생충들이
불빛 없는 교외의 밤에
하수에 떠내려가며 둥둥 떠다닌대.

구걸하는 이, 마약하는 이, 술에 취했든 멀쩡하든,
다리가 있든 없든, 누구에게나 이러는데,
네 발 달린 병든 개들은 어떻게 하겠니?

카페에서 길모퉁이에서
이제 거지들이 모두 구명조끼를 입는다는
농담이 돌고 있어.

네 상태로는 개헤엄을 치기는커녕
물에 뜰 수도 없을 거야.
자, 실용적이고 합리적인

해결책은 판타지아*를 입는 거야.
오늘 밤 너는 눈꼴사나운 모습을 보일 여유가 없어.
하지만 이맘때 마스카라를 칠한 개라면

아무도 본 적이 없을걸.
재의 수요일이 오겠지만, 지금은 카니발이야.
어떤 삼바를 출 거야? 어떤 옷을 입을 거야?

사람들은 카니발이 타락했다고 말하지.
―라디오 때문에, 미국인 때문에, 혹은 무엇 때문이든
카니발이 완전히 망가졌다고. 그냥 하는 말이야.

카니발은 언제나 대단해!
털 뽑힌 개는 어울리지 않을 거야.
옷을 차려입어! 옷을 차려입고 카니발에서 춤을 춰!

1979

* 카니발 복장―원주.

소네트

붙잡혔네—거품이
기포수준기 속에,
존재는 분열하고,
나침반 바늘은
흔들흔들 비틀비틀,
결정하지 못하네.
풀려났네—깨져버린
온도계의 수은이
달아나네,
무지갯빛 새는
텅 빈 거울
좁은 가장자리에서 나와,
날아오르네,
마음 가는 대로, 즐겁게!

1979

UNCOLLECTED
POEMS
(1933-1969)

시집에 묶이지 않은 시들

홍수

그것이 먼저 공원을 찾으면, 나무들이
　　흔들리며 젖어간다.
하지만 멈춰버린 차량들은 안다,
　　언젠가는 첨탑들도 잠기리라는 걸.

부서진 집들, 줄지은 벽돌이
　　수정처럼 투명해지고, 색깔은
자수정처럼 희미해지며—굴뚝과
　　풍향계가 지느러미처럼 솟아 있다.

그리고 서서히 흐르는 거리에
　　자동차와 전차, 눈을 부릅뜨고
입 벌린 물고기처럼 에나멜을 빛내며
　　교외의 파도를 타고 집으로 떠내려간다.

미세하게 반짝이는 하늘과
　　맞닿은 위쪽 해변을 따라
모래도요새 두 마리가 걸어가며, 네 개의 별 모양
　　발자국을 남긴다, 높고 마른 자국을.

마을 너머, 물속 세계에서는
    초록 언덕이 이끼 낀 껍데기로 변하고,
교회에서는 위쪽 배들을 향해 경고하려고
    여덟 번 종을 울린다.

                               1933

당신과의 대화

조심해! 저 망할 원숭이가 또 왔어.
녀석이 지나갈 때까지 가만히 앉아 있어.
아니면 놈이 우리에 관해 아는 것을
(그게 뭐든지 간에) 잊을 때까지 기다려, 그러면
우리도 다시 대화를 시작할 수 있을 거야.

반지를 가지고 놀아본 적 있어?
그러면 가끔 마음이 다독여지더라고.
(반짝이는 물건은 마음에 최면을 걸지.)
뭐든지 녀석의 관심을 끌어봐—
뭐든 좋아—자, 네 반지로 한번 해봐.

녀석, 반짝이는 걸 좋아하네. 눈을 갸름하게 뜨는 거
보이지. 입술도 풀어져 있고 말이야.
너 무슨 이야기를 하고 있었더라?—아휴, 그게 뭐 중요해,
지금 앵무새가 날 쫓아오고
원숭이들이 깨어났는데. 너도 알지?

얼마나 힘든 일인지, 이해할 거야,
우리가 사는 이 긴장된 삶을—
왜 단 하나의 감미로운 형용사가
빌어먹을 전체 무리를 화나게 하고
그것 때문에 싸움을 벌이는지를. 나는 이해해.

어떤 사람들은 더 잘 해낸다는 것을. 어떻게?
그들은 이 생물들을 감정 없이 다루거든.
—원숭이들이 끽끽거리면 그만하라고 책을 던지고,
원숭이를 때려 고개 숙이게 하고,
강경하게 질서를 유지하지—하지만 난 어떻게 해야 할지
 모르겠어.

빨리! 앵무새가 왔어! 놈이 들었어!
(그는 어떤 종류의 재치도 참지 못해.)
—제발, 물리지 않게 조심해.
그 새는 어떤 것도 놓치지 않아.
조용히 해—이제 원숭이가 들었어.

1933

성모 찬가

어서 커튼을 걷어라, 이제 우리 숭배라는 부끄러운 폭로와
뻔뻔하게 무릎 꿇는 분위기를 포착했으니.
보자, 빨리 해치우자, 하느님의 수염, 그리스도의 면류관,
딸기 아이스크림 색깔 천사의 아기 무리 깡통 날개를
    달고, 날아오른다.
포동포동 발가락은 땅을 향해 흔들리고, 통통한 주먹으로
    주님의 케이크를 두드리며, 오, 간청한다.
왕년에 눈을 치켜떴던 인간들에게! 그 세월을 어디서
    보냈는지 보여다오,
그 커다란 다락방, 붉은 벨벳 가림막은 전부 성찬의
    나방에게 먹혀
좀이 슬었고, 금박 줄과 술 장식도 말씀을 행하신
    파리들에게 들켜
장엄함과 약탈의 한복판에서 죄다 썩어버렸다!

커튼을 걷어라, 걷어
 그 틈새로
먼지 쌓인 장엄을, 신앙의 몰락한 장비들이 일어남을
 목격하라!
아, 눈부시고 먼지 낀 하늘의 제단 위로
 오소서, 복된 마리아여, 공중에 서소서.
  하늘이여 위에서 이슬을 내리소서(Rorate coeli desuper)
묵은 향냄새와 아베의 외침으로 우리 감각을 다시금
 강렬히 일깨우소서,
붉은빛과 푸른빛, 황금빛 참나무로. 우리 비행기처럼
 두 눈을 들어 올리리!

 우리가 몇 가지를 알고 있나이다
  마리아, 마리아여.
 우리가 이를 당신께 말하리다
  마리아, 마리아여.

 당신이 언젠가 뱃속에
  진리를 품었나니,
 그 외 누구에게 말하리오,
  죄 없는 당신이 아니면?

적당한 때가 되자
    당신의 순수한 문을 통해
운율도 이유도 없이
    진리가 왔나이다. 우리 인간은

이제 당신의 따스한 옆구리에
    진리를 맡기나이다.
십자가에 못 박힐 때까지
    그를 지키소서.

영광의 광채여—
    시간이 그를 흐리게 할 수 없나니,
알파요, 오메가인
    당신이 곧 그 한계이시네.

아! 밀랍 얼굴에 나무 몸을 가진 분이여, 우리처럼 당신을
    숭배하도록 허락하지 않으실는지?
아름답게 칠한 그 얼굴 돌리지 마옵시고, 행렬을 이루어
    우리 보는 눈을 마주하소서.
당신 발아래 쌓인 오랜 촛농과 온갖 녹슨 동전이
    이와 같이 있나니,
한때는 무가치한 자들이 와서 동전이나 바쳤지만, 우리는
    방주처럼 크나큰 믿음을 가져왔으니,

받지 않으시겠나이까? 오, 까다롭고 심술궂은 공주여, 우리
　　당신 욕망에 맞게 억지로 밀어 넣어야 하겠나이까?
우리는 커튼을 다시 쳐서 당신을 황량함과 붉어지는
　　녹 속에 남겨둘 수는 없나이다.

　　　　오소서, 복된 마리아여, 우리 기도를 들으소서!
　　　　오소서, 복된 마리아여, 공중에 서소서—
　　　　하늘이여 위에서 이슬을 내리소서!(Rorate coeli
　　　　　desuper!)

1933

눈을 위한 세 편의 소네트

I   조수 웅덩이

물러나는 물이 이토록 신중하다니
꼭 우리 맘 속에서 일어나는 일 같잖아
―거기서 일어나는 메스꺼운 파열. "눈은 정말
눈이 멀었군!" 그것이 말하네, (미끄러운 발을 끌며)
"남은 건 텅 빈 진리뿐, 오래된 묘비를 바라보며,
무덤을 꿰뚫어 보는 천사의 눈 같아.
너의 심장은 눈동자 색깔을 파도처럼 뛰게 하고
수평선까지 푸름을 가득 채웠다."

아, 기다려! 그것이 색깔을 향한 복수를 꾸미고,
중단된 부에서 가장 찬란한 이익을 얻고 있어…
그것은 곧 끔찍한 구멍마다 건강한 살을 채울 거야.
푹 꺼진 가장자리에는 홍채의 달콤한 푸른 핏줄을
    들이겠지.
시각은 그리 쉽게 감각에서 솟구치지 않아. 봐
새롭게 둥글고 온전해진 당신 눈이 그대를 향해 빛나잖아.

II

그들은 모두 서로의 눈을 들여다보고 있어.
봐, 나 여기 있어, 여기! 넌 따뜻하구나―다시 봐!
다른 곳은 쓸데없이 열린 틈이란 걸 너도 알고 나도 알지.
멍하니 응시하고, 끔뻑거리며, 억측으로 찡그린 눈,
우리 눈은 아무 말도 하지 않았어, 아무 말도. 말 없는
    중재자는
그들을 흘낏 보고 재빠른 한 번의 미소를
외면했어, (밤새 깨지 않은 긴 잠의 순간을
낮으로 착각하고) 즉각적인 자신의 통역자를.

새들이 일제히 울며 느릅나무에 내려앉았어.
뿌리째 뽑아 폭풍과 노래로 날려버릴 기세로.
바람이 딱 멈추더니 갑옷 입은 태양이 금빛
파편이 되어 땅을 울렸어. 저녁이 덮쳐왔어.
우린 생각했지 (나는 우리임을 알았어) 다행히도 그것은
속눈썹으로, 과묵한 눈꺼풀로 이 눈들, 저 연인들을
    덮어주리라고.

III

그대 감각은 너무 달라 날 만족시킬 수 없어—
직접 만져본들 스무 개의 손끝마다 차이가
생겨. 하지만 청각은 그대와 멀리 떨어져 있고
그 자리에 황무지가 점점 늘어나니… 봐
살의 숲을, 신경의 덩굴을, 고통의 별꽃이 가득한,
길 없는 곳에서 귀의 은둔자가 떨고 있어.
그런데 이방인은 어디를 향해 시선을 돌리지?
그대 눈이 깃든 곳, 두개골 속에서 보드랍게 빛나는
    새들에게로?

그대 위, 그대 묘비에 조각된 천사의 눈 위에
나는 서서 응시할 거야. 그대 죽고 난 후
비밀은 이마에(그보다는 구조의 틈에) 있을 테니까.
그렇게 그들은 함께 떠나고, 더는 낯설지 않아. 나
그 깔끔한 뼈의 둥지들을 홀린 듯 바라볼 거야.
강철 코일스프링이 튀어나오고, 플라이휠이 날아간 곳을.

1933

세 번의 밸런타인

I

사랑은 황금 활과 수정 화살로
  우리 모두를 죽이고,
영국의 참새들을 꿰뚫었으니,
새들은 먼지 속에서 서로를 연모하며
희망 없는 욕망으로 부푼 가슴에서
  붉은 피를 방울방울 떨군다.

울새들 날개는 뜨거운 궤적을 그리며 빙빙 돌아
  포옹을 시도하고,
비너스는 아끼는 아이의 곱슬머리를 쓰다듬으며
아이의 명중률을 높이고자, 연정을 품은 벌레들의
가슴속에 채울 수 없는 열정을
  심어준다.

보라, 저기 위, 통통한 분홍빛 몸에 우쭐하게 띠를 두른 채
  씩 웃고 있는 작은 녀석을,
놈이 제 속눈썹 위에 비친 어여쁜 무지개를 바라본다…
오, 달콤하고 달콤한 사랑이여—그대 못된 자아를
  차버려라,
구름 주위로, 아니 그대 못된 자아를 찔러버려라,
  금빛 핀으로.

II

이제 사랑이 내 가슴에 던진
　　수수께끼.
너와 내 사랑은 너무나 헷갈린다,
　　완벽한 솜씨로.
맹세컨대 나는 너희 둘을 구분할 수 없게 되었다.

일 년 전만 해도 나는 잘 알았다.
　　내 어리석은 사랑과
너 사이의 차이점을.
　　―너 혹은 사랑이
어떤 자비를 베풀었기에 그때는 내 사랑이 다른
　　모습이었을까?

이제 내 사랑은 너의 모습으로, 너의 크기로
　　자라났고,
모든 특징마저 똑같아졌다. 나는 깜짝
　　놀라고 만다,
너를―아니면 사랑을―만나면 너의 눈을 만나므로.

속눈썹 하나 다르지 않고, 머리카락 한 올까지
    내가 사랑하는 너와
똑같이 생겨서, 내게 경고한다,
    의심하고 조심할 것.
―내 사랑과 사랑 자체를 확신하지만, 정체성은
    불확실하므로.

하지만 가엾은 사랑은 완벽한 모방 속에서
    침묵할 수밖에 없다.
너에게 그 사랑을 보여준다면, 아무리 자세히
    살펴본들
자기 모습을 비춘 거라 생각할 거야.

그토록 신기한 사랑은, 불편함 속에서도
    언제나 순수하게,
너와 자신 사이에 차이도 없고 등급도 없다고
    받아들인다…
나는 가끔 사랑의 한계가 자랑스럽다. 바로 이런 모습들
    때문에.

III

사랑은 새처럼 깃털이 있어
    자신을 따뜻하게 하고,
    해악으로부터 지켜준다.
어떤 바람이나 돌풍이 둥지를 흔들어도
    사랑은 차가워지지 않는다.
        자신은 따뜻하게 살지만,
    어떤 온기도 내어주지 않는다,
        아니 적어도 내겐 주지 않는다.

사랑은 매처럼 발톱이 있어
    움켜쥐고, 놓지 않고,
    움켜쥐어야만 잠들 수 있다.
붉은 심장의 보금자리 주위로 발톱을 단단히 걸어 매고
    꼭 매달려 있다.
        그 힘을 절대 풀지 않고,
    심장에서 떨어지지도 않는다,
        적어도 내 심장에서는.

밤이면 찌르레기 떼 같은 사랑이
    날카롭게 울부짖으며
    한순간도 침묵하지 않는다,
뒤집힌 심장을 완전히 깨울 때까지.
    그러니 이기적인 사랑이여,
        제발 조용히,
    깃털과 발톱을 떼버리든지
        다른 덤불을 찾아가렴.

1934

질책

눈물을 너무 자주 맛보는군, 호기심 많은 혀는,
그러다 예상치 못한 것을 발견할 텐데.
어린아이처럼 기어 나와 눈의 현상을 만져보려던 혀여,
돌아가라, 네 본래의 자리로. 눈물은 오직
눈에만 속한단다. 그 깊은 슬픔은
물에서 짜냈단다. 흘러내린 물이 사라진 자리에
남는 것은 슬픔, 소금기, 창백함뿐이니,
너의 쓰라린 적은 얼굴에 하얀 자국을 남긴다.

맛보는 자여, 눈물은 보여줄 품위가 있고,
마르게 하는 해독의 재능을 가졌다.
하지만 가볍게 맛보는 데에는 적합하지 않으니,
소금이 눈물을 오므리고, 울음을 끝낸다.
오, 호기심 많은, 갈라지고 튼 혀여, 이제 말하겠나,
"슬픔은 내 것이 아니다"라고, 그리고 고개 숙여 한숨을
    쉬겠나?

1935

산

저녁이면 무언가 내 뒤에 있다.
나는 순간 움찔하고, 창백해지거나,
비틀거리며 멈춰 서서 타오른다.
나는 내 나이를 모른다.

아침이면 달라진다.
펼쳐진 책이 나를 마주하는데,
너무 가까워서 편히 읽을 수가 없다.
내 나이를 말해다오.

그러면 골짜기들이
침투할 수 없는 안개로 가득 찬다,
내 귀에 솜을 채우듯.
나는 내 나이를 모른다.

불평할 생각은 없다.
사람들은 다 내 잘못이라고 말한다.
누구도 내게 뭐라도 알려주지 않는다.
내 나이를 말해다오.

가장 깊은 경계선도
천천히 번지고 흐려질 수 있다,

푸른색 문신처럼.
나는 내 나이를 모른다.

그림자는 내려앉고, 빛이 올라온다.
올라오는 빛들이여, 아, 아이들아!
너희는 결코 오래 머무르지 않는다.
나는 내 나이를 모른다.

돌로 된 날개가 여기에 우수수 가라앉았다,
깃털, 점점 단단해지는 깃털과 함께.
발톱은 어디론가 사라졌다.
나는 내 나이를 모른다.

점점 귀가 먹는다. 새소리가
점점 희미해지고, 폭포 소리는
닦이지 않는다. 내 나이가 몇인가?
내 나이를 말해다오.

달은 그대로 두어라.
별은 연을 날리게 하라.
내 나이를 알고 싶다.
내 나이를 말해다오.

1952

재치

"잠깐, 생각 좀 해볼게." 네가 말했다.
그 순간 우리는 보았다.
사과 하나씩을 든 이브와 뉴턴,
율법을 지닌 모세,
곱슬머리를 긁적거리는 소크라테스,
그리고 그리스에서 온 수많은 이들이,
모두 너의 찡그린 이마에 이끌려
서둘러 이곳으로 오고 있었다.

그때 네가 번뜩이는 말장난을 쳤다.
우리는 우레 같은 웃음을 터뜨렸다.
당황한 너의 조력자들이 하나씩 사라졌고,
대화의 빈틈을 지나, 그 뒤로
우리는 보았다―아득히 먼 곳, 아주 깊은 곳에서―
까다로운 별 하나가 반짝이며 탄생하는 것을.

1956

모자 바꿔 쓰기

재미없는 아저씨들은 고집하지
숙녀용 모자를 써보겠다고,
―오, 농담은 통하지 않아도,
우린 당신의 가벼운 복장 도착 취미를 공유해,

당혹스럽기는 하지만.
복장과 관습은 복잡해.
다른 성별의 머리 장식은
우리의 실험을 부추기지.

숫기 없는 아주머니들, 해변에서
종이 접시를 무릎에 올려놓고
과시적인 비명을 질러대며
요트 선원 모자를 계속 써본다.

모자챙을 귀 위로 걸치고
황금 닻을 끌리게 썼는데,
―유행의 파도는 절대 뒤처지지 않는 법.
내년에는 그런 모자를 쓸 수 없을지도 모르지.

혹은 종이 접시를 머리에 쓰고
그 위에 포도를 올리거나

인디언 깃털 보닛으로 장난치는 당신,
—이런 변태성이 모자 쓰는 이의

타고난 광기를 더 부추기지.
오페라 모자가 무너지거나
왕관이 헐거워지면, 아마도
그는 주교 모자가 뭐 대수야? 생각할지 모르지.

재미없는 아저씨, 너무 큰 모자나
너무 많은 모자를 썼던 당신,
말해줄래요? 당신의 검은 페도라 안에
별들이 있나요?

모범적이고 날씬한 아주머니,
지옥의 눈을 가진 분, 우리는 궁금해요.
그 거대하고 그늘진, 아래로 처진 챙 아래서
그 눈은 어떤 느릿한 변화를 보고 있나요.

1956

북풍—키웨스트

거리의 작고 검은 새들처럼
작은 흑인 아이들이 발을 들고,
    인도는 얼어붙는다.

양철 지붕도 얼어붙은 듯 보이고,
꽃들은 검게 변했는데, 저 커다란
    야자나무들은 얼마나 푸른지!

북풍이 꾸준히 몰아쳐
옅은 초록 바다를 휘저으며
    라임 밀크 셔벗으로 만드는 동안

신중한 어머니 미즈파 오츠는
오래된 겨울 코트를 꺼내
    해니벌과 허버트에게 입힌다,

한때 거대한 백인 아이가 입었던 코트를.
어머니의 둔감함은
    순한 아이들을 미치게 만든다.

해니벌이 운다. 오, 비극이여!
허리가 아이 무릎까지 내려온다!
    오, 세속이여!

                        1962

감사 편지

[『하버드 애드버킷』에 수록]

베리먼 씨의 노래와 소네트는 말한다,
"거칠고 조악한 열매라도 딸 수 있을 때 따두라."
비록 질식-열매처럼 우리 입을 오므리게 할지라도,
우리는 이 빽빽하게 열린 열매들에 감사합시다.

1969

부록: 미출간 친필 원고 시들

엘리자베스 비숍은 미완성 작품 일부가 자신의 사후에
출간될지도 모른다는 사실을 예견했다. 그는 자신의
유저 관리자에게 "미출간 원고와 문서의 출간 여부를 결정하고,
그럴 경우 출판사를 통해 원고를 살펴볼 수 있는 권한"을
부여했다. 이 시집의 원고 선별은 현재 유저 관리자인 프랭크
비다트와 출판인인 조너선 갤러시와 협의했다. 시마다
정확히 어떻게 끝맺었거나 끝을 맺지 못했는지 독자들도 비숍이
남긴 모습 그대로 볼 수 있도록 복사본을 수록했다.
각 복사본 옆에는 텍스트를 그대로 추출한 시가 실려 있다.
제목은 규격화해서 달았다. 확실하게 해독이 가능한 곳은
교정 지시 사항을 따랐다. 삭제한 단어(선을 그어 지운 곳)와
여백에 쓴 대체어(대괄호 안에 쓴 단어)는 이러한 의문이
해소되지 않은 곳에만 남겨두었다. 원고 여백에 보이는 추가
단어, 구절, 문장은 텍스트로 추출하지 않았다.

    이 시집에 수록한 엘리자베스 비숍의 미출간 시 초고는
배서칼리지 도서관 특별 소장품(이하 배서)과 하버드대학교
호턴 도서관(이하 호턴), 개인 소장품 두 곳에서 가져왔다.

Good-Bye –

You are leaving the earth
between us a little distance
a bewilderment, your flight –
  also
on a curious haze of your heart
lost in the dusk, world descends –
let just that much is an hard to do,
it has not certainer of effort
and is costing as centuries of grief
In the late, crowded, terminal
we both look enably. Like
you've gabardine suits look shabbier.
Have a martini. The great effort is yet to begin.

A sign blown & away
slightly too fast
an undue lost on a half-real foggy night –
Well as we, in this rest,
in this evening restaurant –
past of the misty window
a the heavy wings slow
it want to regrete
it will deposit you like a sweat –
Let us
hold on, as I love you.

[1931-34]

안녕 —

너는 지구를 떠나고 있어
하지만 아주 조금
머리카락 굵기만큼이지, 너의 비행은 —
아니면 네 머리에서 짧고 /굽은/ 머리카락 한 올이
땅에 떨어지는 만큼이라고 할까 —
하지만 그 정도도 해내기란 너무 어렵지,
다른 사람들은 수백 년간의 노력이 필요했고
우리에겐 수백 년간의 슬픔이 필요해.
덥고 붐비는 터미널에서
우리 두 사람은 더 작고 더 늙어 보여,
너의 개버딘 정장은 더 초라해 보이고.
마티니 한 잔 마셔. 큰 노력은 아직 시작되지도 않았잖아.
우리 눈이 흐려지고 & / /
살짝 눈물이 맺힌 채
우리는 반쯤 젖은 종이 냅킨 위에 목록을 만들었지 —
이 무리 속에서, 이 시끄러운
식당 안에서 우리는 어떤 존재인가 —
안개 낀 창가 바로 앞에
그 /미끄럽고/ 무거운 날개가 천천히
/이동하길/ 원해
당신을 씨앗처럼 옮겨주겠지 —
버텨
버텨, 내가 당신을 잃는 동안에 —

베서에 "[1931-34]"로 기록되어 있고(배서 64.3), 『에드거 앨런 포와 주크박스』에 수록되었다. 원고 상태 때문에 일부 단어가 확실하지 않다. (그런 단어는 추출 텍스트에 슬래시(/) 사이에 넣어 표시했다.) 4행의 슬래시 사이 단어를 앨리스 퀸은 "굽은 (curving)" 대신 "곱슬거리는(curly)"을 제안했고, 11행의 "너는(you're)"은 "너의 (your)"로 보이며, 13행의 빈칸은 만족스러운 해석이 발견되지 않았다. 또 앨리스 퀸은 19행에 "미끄럽고(slick)"를 제안했으며, 20행은 "협상하길(negotiate)"을 제안한다.

1935 3C?

We went to the dark cave of the street-corner
And the kiosk was bare.
A cold wind drove the people off the streets
Then blew their doors ajar.
But two white-faced angel-newsboys
With black mouths were there,
With their speckled wing-sheaves of newspapers,
And they prophesied "War! War!"

Then we noticed a bright light
At the end of the street where we stood,
And we saw that the street stretched to Africa
Where a round African sun burned red.
There in the hot sands of the Circus
Sad, sand-colored lions stood,
And in the middle of the Circus was
An ancient Roman fountain, filled with blood.

"우리는 길모퉁이 어두운 동굴로 갔다"

우리는 길모퉁이 어두운 동굴로 갔다.
그런데 가판대가 비어 있었다.
찬바람이 사람들을 거리에서 몰아내고
문마다 틈을 벌려놓았다.
하지만 파리한 얼굴의 천사 같은 신문팔이 소년 둘이
검은 입을 하고 거기 서서
얼룩덜룩한 날개 모양 신문 꾸러미를 들고,
"전쟁이요! 전쟁!" 하고 예언했다.

이윽고 우리는 밝은 빛을 보았다,
우리가 서 있던 거리 끝에서
길은 아프리카까지 이어져 있었다,
아프리카의 둥근 태양이 붉게 이글거리는 곳까지.
거기 뜨거운 서커스의 모래 속에
슬픈, 모랫빛 사자들이 서 있었고,
서커스 한복판에는
고대 로마의 분수가 있었다, 피로 흥건한 채.

비숍의 글씨로 "1935 36?"이라고 기록되어 있고(배서 72A.2, p. 50), 『에드거 앨런 포와 주크박스』에 수록되었다.

IN A ROOM

Sunday, 1926 (IN A ROOM / AND MY CAT / THE PARADES)

There was an enormous stain on the ceiling
    Over the bed,
      Shaped like a rhinoceros head
With a jagged horn and a trumpet in his mouth.
  The trumpet had blown, without "feeling,"

    the all the gilt plaster-work, hoarsely,
      From his jaw.
      In the morning I saw A is ?
Over my head the brilliant results of the music:
//A molding, constructed as coarsely

    As an opera-house balustrade.
      Off-center because
      what has been one room now was
three or four rooms of unequal sizes,
    The chandelier displayed

    Its large, branched star, snow-flake plan,
      Brassy-gold,
      But with no lamp to hold.
Near Under the molding the two rusted pipes
    of the plumbing arrangements ran

    to the closet in the corner and were bored
      Within it.
      Several times every minute
the toilet trickled and splashed, and occasionally flushed
  of its own berserker accord.

    The floor was of dark red stones, damp and uneven.
      Near one wall
      for no reason at all
a heavy iron chain hung half-way down from the ceiling,
  giving a mecieval sensation of heaven.

    One electric light bulb alone was provided.
      Under the light
      Perpetually, day and night,
All the time I lived there, five flies held a dance.
  In unhurried orbits they glided

어느 방에서

천장에 얼룩이 하나 있었다,
    침대 위쪽에,
    코뿔소 머리처럼 생긴 얼룩이
갈쭉갈쭉한 뿔을 달고 입에는 트럼펫을 물고 있었다.
    트럼펫이 '감정' 없이 울리자

    금박 석고상 전체가, 주둥이에서
        거친 소리를 내뿜었다.
        아침에 나는 보았다.
내 머리 위로 음악의 찬란한 결과를.   [그의?]
    거친 몰딩이

오페라하우스 난간으로 보였다.
    중심이 틀어져 있었는데 그건
    지금 하나의 방인 것이 한때는
크기가 각기 다른 서너 개의 방이었기 때문이다.
    커다란 샹들리에에서는

    가지 달린 큰 별과 눈송이 모양 구조와
        황동색 금빛이 보이지만,
        거기 전등은 달려 있지 않았다.
몰딩 아래로 두 개의 녹슨 파이프가
    배관 구조를 따라 뻗어 가

(IN A ROOM....page 2)

```
                     they both
   Like five planets, only ~~~~~~~ back and forwards:
        On the track
        They let themselves drift ~~buzzing~~ back,
Then began again. Their sound was a boring sentence
Emphasized over and over on the wrong words.


   I dried my stockings on the balcony and kept
        Untidy piles
        Of newspapers on the red tiles                shelf ?
In the beautiful white marble fire-place, with its ~~mantle~~
Upheld on scallop shells. At night I slept


   On the great lumpy bed, in a range of mountains,
        and had
       ~~the most remarkably bad~~              unusually bad ?
Dreams of my whole life, while from the water-closet
Came ~~the~~ sounds of far-off squalls and fountains.


   Then not sleeping, I observed that
        All night
        Fine gold whiskers of light
Spread over the ceiling from the next room, pricking out
That molding, like a curious cat.


   A man and his wife sat up late in there; I could hear
        Them fighting
        In low voices, and a continuous writing,
"Scratch - scratch - scratch," going on, while they drank
Bottle after bottle of beer.


   In the darkness the five flies spoke
        Of Revelations
        In their hopeless conversations,
Of the gilded beauties of heaven, and the blackness of hell, too,
                                            till thinking
        "But here I am in my room," I awoke.

                        AND MY CAT
```

(handwritten annotations at bottom, partially illegible):
The ∧ change — ?
it is fascinated by the husband — bird is the room with me.   *echo*

E. Bishop

the words spoke:
my cat, my cat
what are you looking at?

구석의 수납장까지 이어지고 그 안으로
    들어갔다.
    매 순간 몇 번씩
말썽꾸러기 도깨비 같은 변기가 졸졸 철퍼덕
    쏴아아 한꺼번에 소리를 냈다.

검붉은 돌을 깐 바닥은 축축하고 평평하지 않았다.
    가까운 한쪽 벽은
    ~~아무런 이유 없어~~
묵직한 쇠사슬이 천장에서 반쯤 아래로 늘어져 있어
    중세의 천국 감각을 불러일으켰다.

전구는 하나뿐이었다.
    불빛 아래
    영원히, 밤낮으로,
내가 여기 살았던 내내, 파리 다섯 마리가 무도회를 열었다.
    그들은 느긋하게 궤도를 돌았다,

다섯 개의 행성처럼, 오직 뒤로 앞으로 ~~왔다 갔다~~
    트랙을 돌다가,
    가만히 떠밀렸다가,
다시 시작했다. 그들의 소리는 틀린 단어를 몇 번이나
    강조하는 지루한 문장 같았다.

나는 발코니에서 양말을 말렸고
    붉은 타일 위에 지저분한
    신문 꾸러미를 보관했다.
아름다운 흰색 대리석 난로에는   [선반?]
    가리비 껍데기가 장식된 틀이 있었다. 밤이면 나는

커다랗고 울퉁불퉁한 침대에서, 어느 산맥 속에서 잤다.
    그리고 내 인생에 관한
    가장 뛰어난 악몽을   [뛰어난?]
꾸었다. 화장실에서
    머나먼 곳의 질풍 소나기와 분수 소리가 들려오는 동안.

잠들지 않았을 때에는 밤새
    빛의 미세한 황금 수염이
    옆방에서 천장 위로 퍼져
호기심 많은 고양이처럼
    저 몰딩을 찔러대는 것을 지켜봤다.

한 남자와 그의 아내가 거기 늦도록 깨어 있었기에, 나는
    그들이 나직한 목소리로
    싸우는 소리와 끊임없이
"사각—사각—사각—" 하고 쓰는 소리를 들을 수 있었다,
    그들이 맥주병을 차례차례 비우는 동안.

어둠 속에서 크 파리 다섯 마리가　　　　　　[나의] [그]
　　가망 없는 대화를 나누며
　　계시에 관하여,
천국의 금박 입은 아름다움에 관하여, 그리고 지옥의 검음에
　　대해서도
　　　　　　　　　　　　말하는 것을 들었다, 그러고 마침내
　'하지만 나는 여기 내 방에 있어'라고 생각하며 나는
　　　잠에서 깨어났다.

비숍의 글씨로 "세빌 1936"이라고 씌어 있고(배서 64.6), 『에드거 앨런 포와 주크박스』에 수록되었다.

Designs like this all over the furniture
— supposed to be set with round jewels

TO BE WRITTEN ON THE MIRROR IN WHITEWASH

I live only here, between your eyes and you,
But I live in your world. What do I do?
— Collect no interest — otherwise what I can;
Above all, I am not that staring man.

흰 페인트로 거울에 쓴 말

나는 오직 여기, 너의 눈과 너 사이에 존재해,
하지만 나는 너의 세계에서 살지. 나는 무엇을 할까?
—이자는 모으지 않아—그 외에 내가 할 수 있는 걸 하지.
무엇보다, 나는 저 응시하는 사람이 아니야.

1973년경(배서 75.46, p. 50). 또 다른 복사본은 1937년 11월 5일 메리앤 무어에게
보낸 봉투에 편지로 덮지 않은 채 동봉했다(로젠바흐, V:04:31). 『시 전집, 1927-1979』에
수록.

THE STREET BY THE CEMETERY

The people on little verandahs in the moonlight
   sit looking at the graveyard
   like passengers on ship-board.
How did it happen on this warm & brilliant night
   that steerage passengers
   were given deck-chairs?

They're admiring the long row of white oleanders
   inside the graveyard paling.
   The moon goes sailing,
   and hypnotized they sit on the verandahs
   with nothing much to say
   to the neighbors three feet away.

The gravestones do not move; but in the pliant motions
   of the oleanders
   its white blossoms stir
   like pieces of paper in those dark accumulations
   floating in a cluster
   in the dirty harbor.

                    for Bone Key

묘지 옆 거리

달빛 아래 작은 베란다에서 사람들이
    묘지를 바라본다,
    갑판 위의 승객처럼.
이 따뜻하고 빛나는 밤에 어쩌다가
    이 삼등칸 승객들은
    갑판 좌석을 차지하게 되었을까?

그들은 묘지 말뚝 울타리 안에 줄지어 핀
    하얀 협죽도꽃에 경탄 중이다.
    달은 돛 달고 흘러가고,
베란다의 사람들은 최면에 걸린 듯
    세 발짝 떨어진 곳의 이웃에게
    별다른 말은 하지 않고 앉아 있다.

묘석은 움직이지 않지만, 협죽도의
    뒤섞인 움직임 속에서
    하얀 꽃송이가 수런거린다.
마치 더러운 항구에 모여서 떠다니는
    검은 덩어리 속
    종잇조각들처럼.

1941년경(배서 75.4b, p. 227). 『에드거 앨런 포와 주크박스』에 수록.

~~Hans Christian with the silver hair~~
for A. B.

The pale child with ashy hair
Sat on the sofa all afternoon
And in the softest southern accent
Read Hans Christian Andersen,

And laughed half-scared and too high-pitched
Showing pallid little gums;
Cried because the Snow-Queen comes,
Her temples hollowed with bad dreams,

for the interrupted story:
The woodsman's child who grew so weary,
The princess dressed in white, the cyclone,
The child who died and lay in the white coffin

A.B.에게

은빛 머리카락의 창백한 아이가
오후 내내 소파에 앉아서
부드러운 남부 억양으로
한스 크리스티안 안데르센을 읽었다.

아이는 약간 겁에 질렸는지 너무 높은 소리로
핼쑥한 작은 잇몸을 드러내며 웃었다.
그러다 눈의 여왕이 등장하자 울음을 터뜨렸다.
아이의 관자놀이는 악몽으로 움푹 패었다.

이야기가 가로막힐 때마다 아이는 흐느꼈다.
너무 지쳐버린 나무꾼의 아이,
흰옷을 입은 공주, 고아,
죽어 하얀 관에 누운 아이.

1930년대(배서 75.4, p. 233). 『에드거 앨런 포와 주크박스』에 수록. A.B.는 아서 부머*이다.

* 어려서 죽은 비숍의 사촌.

PLEASURE SEAS   1939

In the walled-off swimming-pool the water is perfectly flat.
The pink Seurat bathers are dipping themselves in and out
Through a pane of blueish glass.
The cloud reflections pass,
amoeba-motions, directly through
The beds of bathing caps: white, lavender, and chalk-blue.
The sky turns gray, the water turns opaque,
Pistachio green and Mermaid Milk.
But out among the keys
Where the water goes its own way, the shallow pleasure seas
Drift this way and that mingling currents and tides
In all the colors that swarm across the sides
Of soap-bubbles, poisonous and fabulous.
The keys float lightly like rolls of green dust.
From the airplane the water is like a sheet
Of glass a crumbling bas-relief;
Clay-yellow coral and purple dulces
And the long, submerged green grass.
it a wide shadow pulses.
The water is a burning-glass
Turned to the sun,
It cools and blues as the afternoon wears on,
And liquidly
Floats weeds, surrounds fish, supports a violently red bell-bouy
Whose neon-color vibrates on the water, whose bells vibrate
the water glittering rhythmically
As if shocks of electricity passes through it.
It is a sea of delight. The sea means room.
It is a dance-floor, an airy ball-room.
From the swimming-pool or from the deck of a ship
Pleasures strike off to skip
Over the glittening surface. A Grief floats off
Spreading out thin like oil. And Love
Sets out determinedly in a straight line,
One of his burning ideas in mind,
Keeping his eyes on
The bright horizon,
But shatters almost immediately, goes through refraction,
Comes back in fans, in sheaves of suggestion.
Happy the people in the swimming-pool and on the yacht,
Happy the man in the airplane, likely as not -
And out there where the coral reef comes up in a shelf
The water runs at it, leaps, throws itself
Lightly, lightly, whitening in the air:
An acre of cold white spray is there
Dancing happily by itself.

쾌락의 바다

벽으로 둘러친 수영장 물은 완벽하게 평평하다.
분홍빛 쇠라의 수영객들이 푸른색 유리문을 통해
수영장으로 들락거린다.
구름의 반사된 상이
거대한 아메바처럼 수영 모자 밭을
지나간다, 흰색, 라벤더색, 푸른색의 모자들을.
하늘이 잿빛으로 변하면, 물은 불투명해지고
피스타치오 같은 초록색과 인어의 우윳빛으로 변한다.
그러나 작은 섬들 사이로
물은 제멋대로 흐르고 얕은 쾌락의 바다는
조류와 이리저리 흐름을 뒤섞으며
비눗방울 가장자리에 몰려드는 색깔들처럼
유독하고 화려한 색채로 흘러간다.
섬들은 푸른 먼지 덩어리처럼 가볍게 떠다닌다.
비행기에서 보면 물은 얕은 돋을새김 위를 덮은
묵직한 유리판 같아서, 그 아래
황톳빛 산호와 자주색 홍조류,
길게 드리운 해저의 초록 풀들이 보인다.
그 위로 넓은 그림자가 고동치며 지나간다.
물은 타오르는 유리처럼
태양을 향했다가
오후가 기울면 푸르스름하게 식어가고,
부드러운 물결로
해초를 띄우고, 물고기를 감싸고, 선명하게 빨간 종 모양
　　부표를 떠받친다.

물 위로 네온색이 진동하고, 종소리는
물을 뚫고 울린다. 물은 리듬에 맞춰 반짝인다,
전기 충격에 맞추어.
바다는 기쁨이다. 바다는 공간을 의미한다.
그것은 춤의 무대, 통풍이 잘되는 무도회장이다.
수영장이나 배 갑판에서 보면
쾌락이 웅웅대며 퍼져나가, 반짝이는   [금실 같은?]
수면 위로 깡충깡충 뛰어가고, 고통은 떠올라
기름처럼 얇게 퍼져간다. 그리고 사랑은
직선으로 단호하게 나아간다.
불타는 생각 하나를 염두에 두고,
밝은 수평선을
응시한 채.
하지만 곧바로 산산조각 나 굴절을 겪고
산만한 군집으로 돌아온다.
수영장과 요트에 탄 사람들은 행복하고,
저 비행기 속 사람들도 행복할 것이다, 아마도—
그리고 산호초가 평평하게 나온 곳에서는
물이 그 위를 내달리며, 뛰어올라,
가볍게, 가볍게, 몸을 던지며 공중에서 하얗게 부서진다.
그곳에 차가운 흰 물보라의 너른 들판이 있어
혼자서도 즐겁게 춤을 춘다.

1939년경. 유일하게 남은 복사본은 1940년 『하퍼스 바자』에 판권이 팔렸으나, 출판되지는
않았다(배서 60.8). 『시 전집, 1927-1979』에 수록되었다.

It is marvellous to wake up together
At the same minute; marvellous to hear
The rain begin suddenly all over the roof,
To feel the air suddenly clear
As if electricity had passed through it
From a black mesh of wires in the sky.
All over the roof the rain hisses,
And below, the light falling of kisses.

An electrical storm is coming or moving away;
It is the prickling air that wakes us up.
If lightening struck the house now, it would run
From the four blue china balls on top
Down the roof and down the rods all around us,
And we imagine dreamily
How the whole house caught in a bird-cage of lightning
Would be quite delightful rather than frightening;

And from the same simplified point of view
Of night and lying flat on one's back
All things might change equally easily,
Since always to warn us there must be these black
Electrical wires dangling. Without surprise
The world might change to something quite different,
 As the air changes or the lightning comes without our blinking,
Change as our kisses are changing without our thinking.

"함께 눈을 뜨는 일은 경이롭다"

함께 눈을 뜨는 일은 경이롭다.
같은 순간, 갑작스레 지붕을 때리는
빗소리를 듣는 일은 경이롭다.
하늘에 검게 뒤엉킨 전선에서부터
전기가 통한 듯이
갑작스레 맑아진 공기를 느끼는 것도.
지붕 가득 비가 지글거리고,
그 아래 가벼운 입맞춤들이 내린다.

뇌우는 다가오려나, 멀어지려나?
따끔거리는 공기가 우리를 깨운다.
지금 집에 번개가 친다면,
지붕 꼭대기 네 개의 푸른 도자기 공부터 시작해
우리 주위를 둘러싼 막대를 타고 흘러내릴 것이다.
우리는 꿈꾸듯 상상한다.
집 전체가 번개의 새장에 갇혀버리면
두렵기보다는 꽤 즐거울 거라고.

밤이라는 단순한 시점으로부터
반듯하게 누운 채로 본다면,
모든 일이 똑같이 쉽게 변할 수 있다.
언제나 우리에게 경고하기 위해
검은 전선이 매달려 있어야 하듯이. 놀랄 필요도 없이
세계는 전혀 다른 것으로 변할 수 있다.

공기가 변하듯이, 눈 깜박일 새도 없이 번개가 닥치듯이,
생각하지 않아도 우리 입맞춤이 변하듯이 그렇게.

1941-1946년경(배서 75.2). 『에드거 앨런 포와 주크박스』에 수록.

EDGAR ALLAN POE & THE JUKE-BOX

The juke-box burns; the music falls
as easily through the darkened room
Tonight, La Conga, all the dance-halls
in the block of honkey-tonks,
oases in our weary noon,
strung with bottles and blue lights
and silvered coconuts and corals.

As easily as the music falls,
the nickels fall into the slots,
the drinks like lonely water-falls
in night descend the separate throats,
and the bored darkness codes
tolls. Everything descends,
descends, falls, — much as the invasion
the helpless earthward fall of love
descending from the head and eye
down to the hand, and heart, and down.
The music pretends to laugh and weep
while it descends to dark and mumbles.
The burning box can keep the measure
strict, always, and the beat goes down. — Bob.

For
said that poetry was stock.
But ephemeras or mechanical
and how beforehand what they want
and know exactly why they want.
Do they attain their single effect
like a calculated bit of alcohol
or like the response to the nickels.
— just how long does the music burn?
like poetry, or all you know
half as ————— as know here?

에드거 앨런 포와 주크박스

어둑해진 방을 쉽게 가로질러
음악이 떨어진다. 주크박스가 타오른다.
별빛, 라 콩가, 싸구려 카바레 구역의
모든 댄스홀마다
술병과 푸른 등,
은빛 코코넛과 고둥을 장식한
이울어가는 달의 구멍마다.

음악이 떨어지듯 쉽게
동전들이 슬롯으로 떨어지고,
술은 외로운 폭포처럼
밤이면 개개의 목구멍을 타고 내려간다.
손은 서로에게 떨어지고
더 어두운 어둠으로,
테이블보와 온갖 것 아래로 내려가고,
내려가고, 떨어진다—우리가 상상하는 만큼
무기력한 사랑은 땅으로 떨어지고
머리와 눈에서 내려와
손과 심장으로, 내려가고 내려간다.
음악은 웃는 척, 우는 척하며
술과 살인으로 내려간다.
타오르는 주크박스는 엄격하게
박자를 맞추고, 언제나 다운비트다.

포는 말했다, 시는 정확하다고.
하지만 쾌락은 기계적이고
무엇을 원하는지 미리,
무엇을 원하는지 정확히 안다.
쾌락은 알코올처럼 혹은 동전에 대한
반응처럼 계산할 수 있는
유일한 효과를 획득한다.
―음악은 얼마나 오래 타오르는가?
시만큼, 혹은 당신의 모든 공포만큼,
여기 공포의 정확히 절반만큼?

1940년대(배서 75.b, p. 239). 『에드거 앨런 포와 주크박스』에 수록.

THE SOLDIER AND THE SLOT-MACHINE

E. Bishop
623 Margaret St
Key West, Flori[da]

I will not play the slot-machine.
  Don't force the nickle in my hand.
I will not play the slot-machine
  For all the nickles in the land.

I will not ask for change again.
  The barkeeper can see me dead
Before I'll try to meet those eyes
  That move like money in his head.

The slot-machine is all embossed
  With horns of plenty done in gilt;
And out of them all down its front
  Stream dummy coins supposedly spilt,

Like medals for its cleverness,
  As if the slot-machine could cough
In nickles down its tunic, but
  One cannot pick the dummies off.

They are symbolic of the whole
  It seems to me, and I should know
Since hundreds of times, thousands of times,
  I've added mine onto that row

Moving along here in this groove
  Towards that hole they all fall through.
The slot-machine is who is drunk
  And you're a dirty nickle, too...

Its notions all are preconceived.
  It tempts one much to tear apart
The metal frame, to investigate
  The workings of its metal heart,

The grindings of its metal brain,
  The bite of its decisive teeth.
Oh yes, they decorate the top
  But not the awful underneath.

The slot-machine is full of ----.
  The slot-machine's materiel
And if you squint your eyes it looks
  A little like a general.

군인과 슬롯머신

난 슬롯머신 안 할 거야.
　　내 손에 동전 쥐여주지 마.
난 슬롯머신 안 할 거야,
　　지상의 동전을 다 준다 해도

다시는 동전 바꿔달라고 하지 않을 거야.
　　술집 주인은 제 머리에서
돈처럼 움직이는 저 눈알과 내 눈이 마주치기도 전에
　　내가 죽는 꼴을 보게 될걸.

슬롯머신은 전부 금박을 씌운
　　풍요의 뿔이 돋을새김되어 있고,
기계 전면을 따라
　　가짜 동전들이 쏟아져 내리는 모양을 하고 있어,

마치 그 영리함을 칭송하는 훈장처럼,
　　슬롯머신이 재채기 한 번으로
옷자락 따라 동전을 왈칵 토해내기라도 하는 것처럼. 하지만
　　누구도 그 가짜 동전을 떼어낼 수는 없지.

내 보기에 그건 전부
　　전체의 상징일 뿐이니, 나는 똑똑히 알아야 해.
수백 번을 해봐도, 수천 번을 해봐도,
　　나는 그저 저 흐름에 내 것을 또 보태고 있을 뿐이지.

And even if generously inclined
  Its money all will melt, I'm sure,
And flow like mercury through the cracks
  And make a pool beneath the floor...

It should be flung into the sea.
  It should be broken up for junk
And all its nickles taken away.
  The slot-machine is who is drunk.

I will not play the slot-machine.
  It's pleasures I cannot afford.
Whoever got the Twin Jack-Pot?
  Whoever won the Gold Award?

여기 이 홈을 타고 움직여
　　저 모든 게 떨어져 내리는 구멍을 향해 갈 뿐이야.
슬롯머신은 술에 취한 사람이고
　　우리는 더러운 동전에 불과할 뿐…

모든 개념은 미리 정해졌어.
　　놈은 사람을 유혹해 저 금속 틀을
찢어 열고, 그 금속 심장의 작동을
　　조사하고 싶게 한다고.

금속 두뇌의 갈리는 소리,
　　단호하게 악문 이빨.
아 그렇지, 위쪽은 장식하지만
　　아래쪽은 끔찍하지.

슬롯머신은 배가 잔뜩 불렀어———.
　　슬롯머신은 물질이야.
그런데 눈을 갸름하게 뜨고 보면
　　약간 장군처럼 보이기도 해.

설령 너그럽게 생각해 봐도
　　그 돈은 전부 녹아내릴걸, 확실히,
그리고 수은처럼 틈새를 타고 흘러가
　　바닥 아래에 웅덩이로 고이겠지…

전부 바다에 내다 버려야 해.
 부서져 고철이 되어야 해,
동전은 전부 없애버려야 한다고.
 슬롯머신은 술에 취한 사람.

나는 슬롯머신 안 할 거야.
 그런 내가 누릴 수 없는 쾌락.
누가 쌍둥이 잭팟을 터뜨렸지?
 누가 금상을 받았어?

1942년경(배서 64.7).『에드거 앨런 포와 주크박스』에 수록. 46행의 "그런(its)"은 "그건(it's)"으로 보인다.

Should rhyme 167

I had a bad dream,
toward morning, about you.
You lay unconscious
It was to be
for "24 hrs."
Wrapped in a long blanket
I felt I must hold you
even though a "lot of guests"
might come in from the garden
at a minute.
I saw no boys
until my arms around you
& my cheek on yours.
It was warm — like I had to
protect you
from slipping away
from your body, your cheek
from the cured-wood blanket.
              gross dark morning
Thinking of you,
a thousand miles away,
how I tried to hold you
with the mere arms of a dreamer

              in the deep of the morning
                          the day coming
that loneliness like falling in
the sidewalk in a crowd
that falls over in with doom. so
              slow elaborate slow.
the sidewalk rises, rises
like absolute despair

"악몽을 꾸었다"

악몽을 꾸었다,
아침이 가까운 시간, 너에 관한 꿈을.
너는 의식 없이 누워 있었다.
"24시간" 계속될
예정이었다.
긴 담요에 싸인 채
나는 너를 안아야 한다고 생각했다.
"수많은 손님"이
정원에서 안으로 들어올 수도 있었지만,
한순간/에/
우리가 누운 걸 볼지도 몰랐지만,
내 팔이 너를 감싸안고
내 뺨이 너의 뺨에 닿은 채.
따뜻했다—하지만 나는
네 몸이
미끄러지지 않게,
네 뺨이 둘둘 말린 담요에서
미끄러지지 않게 막아야 했다—
                  묵직하게 어두운 아침
멀리 떨어진 곳에서
너를 생각하니
꿈꾸는 자의 마비된 팔로
너를 어찌 안으려 했는지 생각하니

아침 깊숙이에서
                    낮이 오는데
인도의 군중 속에
  뚝 떨어진 것 같은 외로움이
느릿느릿 정교한 수치심을 채워온다.
인도는 절대적인 절망처럼
솟구치고 또 솟구친다.

연도 미상(배서 75.3b, p. 167). 『에드거 앨런 포와 주크박스』에 수록. 10행의 마지막 단어는 "에(at)"로 보이는데, 아마 "한순간 보기에(at a minute's notice)"라는 구절로 추정된다.

[DRAFT 3]

THE OWL'S JOURNEY

Somewhere the owl rode on the rabbit's back
down a long slope, over the long, dried grasses,
through a half-moonlight igniting everything
with specks of faintest blue & green,
They made no sound, no shriek, no Whoo!
- off on a long-forgotten journey.
- The adventure's miniature and ancient:
a collaboration thought up by a child.
But they obliged, and off they went together,
the owl's claws locked deep in the rabbit's fur,
not hurting him, and the owl seated
a little sideways, his mind on something else;
the rabbit's ears laid back, his eyes intent.
But the dream never got any further.

올빼미의 여행

어디선가 올빼미가 토끼 등에 올라타
길쭉한 산비탈을 내려갔다. 길게 이어진 마른 풀밭을 지나서
희미한 녹색과 청색의 점으로 사방에 불 밝히는
반달의 빛 속을 가로질렀다.
소리 내지 않았다. 비명도 없었다. 야호!도 없었다.
—오랫동안 잊고 있던 여정을 떠났을 뿐.
—모험은 작고도 오래된 일이었다.
한 아이가 생각해 낸 협업이었다.
그러나 둘은 기꺼이 동의했고, 함께 길을 떠났다.
올빼미의 발톱이 토끼털 속에 깊이 잠기고,
올빼미는 약간 옆으로 비켜 앉아
다른 무언가를 생각했다.
토끼 귀가 뒤로 젖혀지고, 눈은 골똘했다.
 —그러나 그 꿈은 더 이상 앞으로 나아가지 못했다.

1949-1950년경(배서 64.10). 『에드거 앨런 포와 주크박스』에 수록.

Where are the dolls who loved me so
when I was young?
Who cared for me with hands of bisque,
poked breadcrumbs in between my lips,

Where are those early nurses,
Gertrude, Zilpha, and Nokomis?

Through their real eyes

blank ///////// crotches,
and ////// wrist-watches,
whose hands moved only when they wanted -

Their stocism ///// I never /////// mastered
their smiling phrase for every occasion -
they went their rigid little ways

To meditate in a closet or a trunk
To let life and unforseen emotions
glance off their glazed complexions

"나를 지극히 사랑하던 그 인형들은
　어디에 있나"

어린 시절
나를 지극히 사랑하던 그 인형들은 어디에 있나?
초벌 도자기 손으로 나를 보살피고,
내 입술 사이로 빵 부스러기를 밀어 넣어주었던,

　오래전 유모들,
거트루드, 질파, 노코미스는 어디에 있을까?

그들의 진짜 눈을 통해　　　　　　　　　　　　　　[크기]

　빈 가랑이와
장난감 손목시계를 보았다,
그 시곗바늘은 제가 원할 때에만　움직였다—

　나는 그들의 엄격함을 결코 익히지 못했다.
모든 상황에 미소 지으며 던지던 말들—
그들은 뻣뻣한 몸이 되어

옷장이나 트렁크에 들어가　명상에 잠기거나
예상치 못한 감정들이
　그 반들거리는 얼굴에 스쳐 지나가게 놔두었다.
　　　　　　　　　　　　　　[트렁크나 옷장에 들어가
　　　　　　　　　　　　　　　명상에 잠기거나]

1950년대 초반(배서 68.2). 『에느서 엘린 포의 주크박스』에 수록.

A Short, Slow Life

We
lived in a pocket of Time
Monsoon, it was warm.
Along the dark arm of the sea
the house, the lawns, the tin church,
his lit'l dirt courts   in a fluff of
                        bush of the yellow Palms,   my
                                                    sisters
his mils consisted of the only roof
    Roughly his land rushed in,
and tumbled us out.

짧고 느린 삶

우리는 시간의 주머니 속에 살았지.
아늑하고 따뜻했어.
강의 어두운 솔기를 따라
집과 헛간, 두 곳의 교회가
회색 버드나무와 느릅나무 보풀 사이에
하얀 빵 부스러기처럼 숨어 있었어.
하지만 시간이 손짓 한 번에
손톱으로 지붕을 긁어버렸지.
거친 손이 주머니 속으로 쑥 들어와
우리를 밖으로 내던져 버렸어.

1950년대(배서 74.10). 『에드거 앨런 포와 주크박스』에 수록.

[Draft 5]

SUICIDE OF A ~~MODERATE~~ DICTATOR

For Carlos Lacerda

This is a day when truths will out, perhaps;
leak from the dangling telephone ear-phones
sapping the festooned switchboards' strength;
fall from the windows, blow from off the sills,
—the vague, slight unremarkable contents
of emptying ash-trays; rub off on our fingers
like ink from the un-proof-read newspapers,
crocking the way the unfocussed photographs
of crooked faces do that soil our coats,
our tropical-weight coats like slapped-at moths.

Today's a day when those who work
are idling. Those who played must work
and hurry, too, to get it done,
with little dignity or with none.
The newspapers are sold; the kiosk shutters
crash down. But anyway, in the night
the headlines wrote themselves, see, on the streets
and sidewalks everywhere; a sediment's splashed
even to the first floors of apartment houses.

This is a day that's beautiful as well,
and warm and clear. At seven o'clock I saw
the dogs being walked along the famous beach
as usual, in a shiny gray-green dawn,
leaving their paw-prints draining in the wet.
The line of breakers was steady and the pinkish,
~~rainbow in segments (hung) steadily above it.~~
    segmented rainbow
And eight two ~~little~~ boys were flying kites.

온건한 독재자의 자살

카를루스 라세르다*에게

오늘은 진실이 드러날지도 모른다, 어쩌면—
대롱대롱 매달린 전화기 이어폰에서 새어 나온 진실이
화려한 교환기의 힘을 빨아들이며,
창밖으로 떨어지고, 창틀에서 날아갈지도 모른다.
—빈 재떨이에서 떨어진
흐릿하고 가벼운, 눈에 띄지 않는 내용물들이, 교정을
거치지 않은 신문에서 손가락에 묻어나는 잉크처럼,
초점이 맞지 않는 구겨진 얼굴 사진이
얻어맞은 나방처럼 우리 코트를,
우리의 열대기후 코트를 더럽히듯이.

오늘은 일하는 사람들이
빈둥거리는 날. 노는 사람들이 일해야 하고
서둘러 일을 마쳐야 한다,
자존심도 거의 없이, 아니 아예 없이.
신문은 다 팔리고, 가판대 셔터는
쾅 하고 내려갔다. 하지만 어쨌든 밤이 오면
헤드라인은 스스로 쓰여, 보라, 거리와
인도로, 사방으로 퍼져나간다. 침전물은
아파트 건물의 1층까지 튀긴다.

오늘은 또한 아름답고
따뜻하고 맑은 날이다. 7시에 나는
개들이 유명 해변을 따라 산책하는 모습을 보았다.

평소처럼, 반짝이는 회녹색 새벽에,
젖은 모래에 발자국을 남기며.
파도가 그리는 선은 일정했고 분홍빛이 돌았으며
그 위로 조각 무지개가 꾸준히 걸려 있었다.
8시에 두 소년이 연을 날리고 있었다.

1954년경 혹은 1954년 8월 24일 제툴리우 바르가스**의 자살 이후(배서 67.14).
『에드거 앨런 포와 주크박스』에 수록.

---

* 브라질의 언론인이자 정치인으로 하원 의원을 지냈으며 비숍과 소아리스와 우정을 나누었다.
** 브라질의 제14대, 제17대 대통령.

KEATON

I will be good; I will be good.
I have set my small jaw for the ages.
and nothing can distract me from
solivng the appointed emergencies
Even with my small brain
- witness the size of my hat-band the diamter of my hat band
and the depth of the crown of my hat

I will be correct; I know what it is to be a man.
I will be ccorrect or bust.
I will love but not impose my feelings
I will serve and serve
with lute or   I will not say anything.

If the machinery goes, I will repair it
If it goes again I will repair it again
My backbone

through these endless etceteras painful

No, it is not the way to be, they say.
Go with the skid, turn always to leeward
and see what happens, I ask you , now

I lost a lovely smile somewhere, /////////
and many colors dropped out
The rigid spine will break, they say -
Bend, bend.

I was made at right angles to the world
and I see it so I can only see it so.
I do not find all this absurdity people talk about
     ; find
Perhaps a paradsise   a serious paradise where lovers hold hands
and everything works
   I am not sentimental -

키턴

나는 잘할 것이다, 나는 잘할 것이다.
오랫동안 내 작은 이 악물고 버텨왔으니,
어떤 것도 내게 주어진 긴급한 문제를
해결하려는 노력을 방해하지는 못할 것이다.
내 작은 두뇌로도 말이다.
―내 모자 띠의 크기와 내 모자 띠의 너비와
내 모자의 정수리 깊이가 증명한다.

나는 옳을 것이다. 나는 인간이란 어떠해야 하는지 안다.
나는 옳을 것이다, 그렇지 않으면 파멸할 것이다.
나는 사랑하지만 내 감정을 강요하지는 않을 것이다.
나는 섬기고 섬길 것이다,
비파를 뜯으며, 그렇지 않으면   아무 말도 하지 않을 것이다.

기계가 고장 나면 고칠 것이다.
또 고장 나면 또 고칠 것이다.
내 척추는

끊임없는 여러 기타 등등을 거치며 고통받았다.

아니, 그렇게 살면 안 된다고 사람들은 말한다.
미끄러지듯 가라고, 언제나 바람 없는 쪽을 따르라고,
그러면 무슨 일이 일어나는지 보라고 나는 너에게 묻는다, 이제

나는 어디에선가 사랑스러운 미소를 잃었고,
많은 색깔이 빠져나갔으며,
꼿꼿한 척추는 부러졌다, 사람들은 말한다ㅡ
구부려라, 구부려.

나는 세계와 직각을 이루었고
그렇게 세상을 본다   그렇게만 볼 수 있다.
나는 사람들이 말하는 이 모든 부조리를 찾을 수
    없으니   [. 찾을 수]
어쩌면 천국이   연인들이 손을 잡고, 모든 게 제대로 굴러가는
진지한 천국이 있을지도 모르지만
    나는 감상적인 사람이 아니다ㅡ

연도 미상(배서 66.11). 『에드거 앨런 포와 주크박스』에 수록.

MIMOSO, NEAR DEATH

Mimoso the donkey
has taken to standing
inside a truck-body,
an old blue truck-body
that's been there for ages,
lying dissolving
in the long grass
on the side of the hill.
All day in the sun
he stands heading up-hill.
In the past week
the grass has turned red,
a fine, quiet fire.
~~the whole hill is red~~
listening, ~~and~~ silent; ~~/~~
the whole hill is red.

The fires have come down now,
the captains consumed —

Elijah the Tishbite. —
You are that hairy man
girt with a leather girdle
about your loins
(gold) The sky-blue chariot
wheel-less, and (engineless), wafts

and the tall grass releases   in the (soft)
                    seeds
                              whirlwind
in a whirlwind of grass-seed. that blows softly the fiery grass-
                              seeding

              "thou shalt not come down off
              that bed (that truck bed) on
              the which thou hast gone up
              but) shalt surely die"
              but shalt surely go up

the soft whirlwind   until
wafts hoyo upwards   the fires have come down.
in a cloud of red grass-seeds the fires have come down,
                              the captains are consumed.
                              ~~the fires are come down~~
                              ~~the fires are come down,~~
Mimoso, knowing, the fires have come ~~the captains consumed.~~
                    the captains consumed
                              — why are you waiting?
                              ~~The fires are come down.~~
                              ~~The fires are come down,~~
                              ~~the captain's consumed.~~

You are that hairy man
girt with a leather girdle
girt with leather girdle

                              And sky-blue the chariot
                              wheel-less (& engineless) —
                              ... silent —
                              wafts him off, the
                              fiery

미모주의 죽음

당나귀 미모주는
트럭 차체 안에 서 있는 걸   [그]
좋아하게 되었다.
오랫동안 언덕 비탈
무성한 풀밭에 방치된 채
무너지고 부식되며
그 자리를 지킨
낡은 파란색 트럭이었다.
미모주는 하루 종일
햇살을 받으며 언덕 위쪽에 서 있었다.
지난주
풀밭은 붉게 물들었고,
미세한 불처럼 조용히 타올라
침묵으로 빛을 냈다.
온 언덕이 붉었다.

1959년경(배서 64.15). 이보다 앞선 타자본 초고는 『에드거 앨런 포와 주크박스』에
「미모주, 죽음에 가까워지다」로 수록되었다.

APARTMENT IN LEME

1.

Off to the left, those islands, named and re-named
so many times now everyone's forgotten
their names, are sleeping.

Pale rods of light, the morning's implements,
lie in among them tarnishing already,
just like our knives and forks.

Because we live at your open mouth, oh Sea,
with your cold breath blowing warm, your warm breath cold,
like in the fairy tale.

Not only do you tarnish our knives and forks
— regularly the silver coffee-pot goes into
dark, rainbow-edged eclipse;

the windows blur and mirrors are wet to touch.
Custodia complains, and then you frizz
her straightened, stiffened hair.

Sometimes you embolden, sometimes bore.
You smell of codfish and old rain. Homesick, the salt
weeps in the salt-cellars.

Breathe in. Breathe out. We're so accustomed to
those sounds we only hear them in the night.
Then they come closer

but you keep your distance.

2.

It's growing lighter. On the beach two men
get up from ~~shallow graves of newspapers~~ *or their* newspaper-lined graves.
A third sleeps on. His coverlet

is corrugated paper, a flattened box.
One running dog, two early bathers, stop
dead in their tracks; detour.

Wisps of fresh green stick to your foamy lips   *foaming*
like those on horses' lips. The sand's bestrewn ~~,~~;
white lilies, broken stalks,

white candles with wet, blackened wicks,
and green glass bottles for white alcohol
meant for the goddess meant to come last night.

(But you've emptied them all.)

레미의 아파트

1.

왼쪽으로, 저 섬들, 이름이 수없이
붙었다가 바뀌었다가, 이제 아무도 이름을 기억하지 못하는
섬들이 잠들어 있다.

희미한 빛의 막대, 아침의 도구들이
섬들 사이에 누워 벌써 색이 바래고 있다,
우리 칼과 포크처럼.

우린 당신의 벌린 입 속에 살고 있으니, 오 바다여,
당신의 찬 숨결은 따뜻하게, 따뜻한 숨결은 차갑게
불어온다, 동화 속 이야기처럼.

당신은 우리 칼과 포크만 빛바래게 하는 게 아니다
—은제 커피포트도 정기적으로
무지개 테두리를 두른 검은 일식에 들어간다.

창은 흐릿해지고 거울은 만지면 축축하다.
쿠스토지아가 불평하면 당신은 그녀의
곧고 뻣뻣한 머리카락을 고불고불하게 지진다.

때로 당신은 용기를 내라 토닥이고 때로는 지루함을 던져준다.
당신에게서 대구와 오래 묵은 비 냄새가 난다. 고향이 그리운
소금은 소금통 속에서 흐느낀다.

2.

3.

Perhaps she came, at that. It was so clear!
And you were keeping quiet: slightly roughened,
greeny-black, scaly

as one of those corroded old bronze mirrors
in all the world's museums (How did the ancients
ever see anything in them?),

capable of reflecting the biggest stars.
One cluster, bright, astringent as white currants,
hung from the Magellanic Clouds

above you and the beach and its assorted
lovers and worshippers, almost within their reach
if they had noticed.

The candles flickered. Worshippers, dressed in white,
holding hands, singing, walked into you waist-deep.
The lovers lay in the sand, embraced.

Far out, the flares of five invisible
fishing boats wobbled and hitched along,
farther than the stars,

weaker, and older.

4.

But now the sun. Slowly, reluctantly,
you let go of it; it as slowly rises,
metallic, two-dimensional.

You sigh, and sigh again. We live at your open mouth,
with your cold breath blowing warm, your warm breath cold
as in the fairy tale

—no, legend.

숨 한 번 마시고. 숨 한 번 내쉬고. 우리는 그 소리에
익숙해져 오직 밤에만 듣는다.
그 소리는 가까워지지만

당신은 거리를 지킨다.

   2.

날이 밝아온다. 해변에 두 남자가
신문지 깔린 얕은 묘지에서 일어난다.
세 번째 남자는 계속 잔다. 그의 이불은

골판지, 납작하게 편 상자다.
달리는 개 한 마리, 일찍 해수욕을 나온 두 사람이
우뚝 멈췄다가, 우회한다.

싱싱한 초록 잎사귀 다발이 거품이 부글거리는 당신 입술에
    붙어 있다.   [거품 이는]
말의 입술에 붙은 잎사귀처럼. 모래밭 여기저기
흰 백합과 부러진 줄기가 널려 있다.

심지가 검게 그을린 채 젖은 하얀 양초들,
휘색 술을 담았던 초록색 유리병들은
지난밤 오기로 했던 여신의 몫이었다.

(하지만 당신이 전부 비워버렸지.)

   3.

어쩌면 여신은 왔었는지도 모른다. 날이 참 좋았으니까!   [—]
그리고 당신은 고요했다. 거칠고,   [여전히,
녹색을 띤 검은색에, 비늘을 내비칠 뿐.   몹시 거칠어진친,]

세상의 모든 박물관에 있는 부식된
옛 청동거울처럼(옛사람들은 어떻게
그런 거울로 무언가를 보았을까?)

가장 큰 별조차 반사하지 못했다.
한 무리의 별들이 흰색 열매처럼 밝고 아릿하게
마젤란성운에 맺혀 있었다,

당신과 해변 위에, 거기 모인 연인들과
숭배자들 위에, 손을 뻗으면 닿을 것만 같은 거리에.
그러나 그들은 알아보지 못했다.

촛불들이 흔들렸다. 숭배자들은 흰옷을 입고
손을 잡고 노래하며, 허리까지 당신 안으로 걸어 들어갔다.
연인들이 부둥켜안고 모래 위에 누웠다.

저 멀리, 보이지 않는 어선 다섯 척에서
샤프란색 불빛이 가물가물 위아래로 까딱였다.
별들보다 더 멀리서,

더 약하고 더 오래된 빛이었다.

    4.

그러나 지금은 태양이 있다. 천천히, 꾸물거리며,
당신은 태양을 놓아준다. 태양이 천천히 떠오른다.
금속처럼, 이차원적으로.   [당신은 태양을 놓아주고 있다.
                      태양이 천천히 떠오른다.]

당신은 한숨을 쉬고 또 쉰다. 우리는 당신의 벌린 입 속에 산다.
당신의 찬 숨결은 따뜻하게, 따뜻한 숨결은 차갑게
불어온다, 동화 속 이야기처럼.

—아니, 전설처럼.   [아니—전설.]
                                        [진심이다]

1963년(배서 64.19). 『에드거 앨런 포와 주크박스』에 수록.

Dear, my compass
still points north
to wooden houses
and blue eyes,
fairy-tales where
flaxen-headed
younger sons
bring home the geese,
lost in hay-lofts.
Potatoes, and
heavy stoves...
Springs are backward,

the crab-apples
ripen to white,
cranberries
to drops of blood,
and snow can paddle
tiny cats,
or lick the blood
from those webbed feet.
—Cold as this, we'd
go to bed, dear,
barely, let, never
to keep warm.

"사랑하는 나의 나침반은"

사랑하는 나의 나침반은
아직도 북쪽을 가리킨다
나무로 지은 집들과
푸른 눈들과
아맛빛 머리
소년들이
거위를 안고 돌아오는
옛이야기 방향을,

건초 더미 속에서 나눈 사랑,
개신교도들, 그리고
술꾼들을…
봄은 거꾸로 오지만,

야생 사과는
루비빛으로 익어가고,
크랜베리는
핏방울로 변하고,

백조들은 얼음 같은 물에서
버둥버둥 헤엄치는데,
그 갈퀴발 속 피는
얼마나 뜨거운지.
―아무리 추워도 우리는
일찍 잠자리에 들었지,
내 사랑, 하지만 결코
따뜻해지기 위해서는 아니었다.

1965년경(개인 소장. 카르멘 올리베이라 사진 제공. 바버라 페이지, 로이드 슈워츠 도움).
두 번째 타자본은 모든 연을 4행으로 맞추었고 『에드거 앨런 포와 주크박스』에
수록되었다.

INVENTORY
Bed, birdcage, and a chest of d̶r̶w̶s̶ drawers,
the biggest shell, the flat and foot-shaped
piece of granite I found myself,
the paddle, and the portable ink-well;

the baby-book, t̶h̶/coffe spoons the blue enamm the cloisonee
coffe spoons with blue enamel,

                                              the living cat
where   - where can I take them next?   wa_nd where
                                                 do we go next?

Oh let me not have looked
Let it somehow be that I never saw

& the cascade seems hurrying to some
climax, but really never cnages -

재고 품목

침대, 새장, 그리고 서랍장 하나,
엄청나게 커다란 조개껍데기, 내가 직접 발견한
납작한 발 모양 화강암 조각,
노, 휴대용 잉크병.

아기 책, 파란 에나메 커피 스푼 칠보
파란 에나멜 커피 스푼,
                    [살아 있는 고양이
어디로 —다음엔 어디로 이것들을 가져갈 수 있을까? 그리고
                    우리는 다음에 어디로 갈까?]

오 내가 보지 않은 걸로 해줘
어쨌든 전혀 보지 않았던 걸로

& 폭포는 어떤 절정을 향해 내달리는 것처럼
보이지만, 사실 어떤 것도 변하지 않는다—

1967년 1월(배서 66.9). 『에드거 앨런 포와 주크박스』에 수록. 11행의 "변하지 (changes)"는 "cnages"로 보인다.

A DRUNKARD

When I was three, I watched the Salem fire.
It burned all night (or then I thought it did)
and I stood in my crib & watched it burn.
The sky was bright red; everything was red:
out on the lawn, my mother's white dress looked
rose-red; my white enammelled crib was red.
and my hands holding to its   rods -
the brass knbobs heldspecks of fire
its brass knobs holding specks of fire -

I felt   amazament   not fear
but   amazement   may be
my infancjy's main emotion - chief
People were playing hoses on the roofs
 of the summer cottages in Marblehead   on Marblehead neck
the red sky was filled with flying moats,
cinders and coals, and bigger things, scorched black burnt
The water glowed like fire, too, but flat
I watched some boats arriving on our beach
fukk of escaping people (I didn't know that)
One dory, sillhouted black (and later I
thought of this as having looked like
Washington Crossing the Delaware, all black -
in sillhoutte -
I was terribly thirsty but mama didn't hear
me calling her. Ou on the lawn
she and some neighbors were giving coffee
or food or something to the peoplelanding in the boats -
I glimmpsed her once in a while I caught a glimpse of her
and called and called - no one paid any attention -

In the morning acros s the bay brilliant omorning
the fire still went on,but in the sunlight
we saw no more glare, just the clouds of smoke
The beach was strewn with cindess, dark with ash -
strange objects seemed ot have blown across the water
lifted by that terrible heat, through the red sky?
Blackened boards, shiny black like black featehers -
pieces of furniture, parts of boats, and clothes -

I picked up a woman's long black cotton
stocking. Curiosuty.   My mother said sharply
Put that down!   I remember clearly, clearly -

주정뱅이

내 나이 세 살에, 세일럼 화재를 목격했다.
불은 밤새 타올랐고(그때는 그렇게 생각했다)
나는 요람에 서서 타오르는 불을 지켜보았다.
하늘은 선명한 붉은색이었고, 모든 게 붉었다.
잔디밭 위 어머니의 흰 드레스도
장미처럼 붉게 보였고, 내 하얀 에나멜 요람도 붉었다.
그 막대를 붙잡은   내 손도—
황동 손잡이에도 불꽃이 점점이
그 황동 손잡이에도 불꽃이 점점이 박혀 있었다—

나는   두려움이 아니라   경이로움을 느꼈다
하지만 경이로움이야말로 어쩌면
내 유아기의 주된 감정이었을지도 모른다—주요한
사람들이 마블헤드 초입의 마블헤드 여름 별장
지붕에 호스로 물을 뿌렸다.
붉은 하늘은 날아다니는 먼지와 재와 숯,
검게 그을고 타버린 더 큰 것들로 가득했다.
물도 불처럼 반짝였지만, 납작했다.
나는 우리 쪽 해변에 탈출하는 사람들이 가득 탄(그때는
    몰랐다)
보트들이 도착하는 것을 보았다.
한 척의 작은 배가 검은 실루엣으로 보였는데(나중에 나는
이것이 델라웨어강을 건너는 워싱턴처럼 보인다고
생각했다, 완전히 검고—
실루엣뿐인—

DRUNKARD - 2.

But since that day, that reprimand
that nigt that day thatreprimand -
I have had a suffered from abnormal thirst -
I swear it's true - and by the age
of twenty or twenty-one I had begun
to drink, & drink - I   can't get enough
and, as you must have noticed,
I'm half-drunk now...

And all I'm telling you may be a lie...

나는 몹시 목이 말랐지만, 엄마는 내가 부르는 소리를
듣지 못했다. 잔디밭에 나간
엄마와 이웃들이 보트에서 내린 사람들에게
커피나 음식 같은 것을 주고 있었다—
나는 이따금 엄마를 바라보면서 부르고 또
불렀지만—아무도 나를 신경 쓰지 않았다—

아침이 오고 만 전역에 찬란한 아침이 왔지만
불은 여전히 계속되었다. 하지만 햇살 속에서
불길은 더 이상 보이지 않았고, 그저 연기구름뿐이었다.
해변은 숯으로 가득했고 재로 검어졌다—
이상한 물건들이 물 위로 날아간 것만 같았다.
끔찍한 그 열기가 붉은 하늘 너머로 날려 보냈을까?
검게 그을린 널빤지들, 검은 깃털처럼 검게 반들거리고—
가구 조각들, 배 부품들, 옷가지들—

나는 길쭉한 여성용 검정색 면 스타킹을
주워 들었다. 호기심 때문에. 엄마가 날카롭게 소리쳤다.
당장 내려놔! 나는 똑똑히, 똑똑히 기억한다—

하지만 그날, 그 꾸지람 이후로
그날 밤 그날 그 꾸지람 이후로—
나는 비정상적인 갈증에 시달려 왔다—
맹세코 정말이다—그리고 내 나이
스물인가 스물하나부터 나는 술을
마시고 또 마시기 시작했다—나는 아무리 마셔도
충분하지 않았고, 당신도 분명 알아챘겠지만,
지금도 반쯤 취해 있다…

그리고 내가 지금 하는 말은 전부 거짓말일지도 모른다…

1970-1971년경(배서 64.22).『에드거 앨런 포와 주크박스』에 수록. 전체적으로 철자와 띄어쓰기를 수정했다.

THE
Fannie Farmer
COOKBOOK

You won't become a <u>gourmet</u>* cook
By studying on Fannie's book —
Her thoughts on Food & Keeping House
Are scarcely those of Levi-Strauss.
Nevertheless, you'll find, I rah dear,
The <u>basic elements</u>** are here.
And if a problem should arise:
The Soufflée fell before your eyes,
Or strange things happen to the Rice
— You know I love to give advice.

      Elizabeth

* forbidden word
** " " phrase

      Christmas, 1971

P.S. Fannie should not be underrated;
She has become sophisticated.
She's picked up many <u>gourmet</u>* tricks
Since the edition of '96.

[패니 파머의 보스턴 요리 학교 요리책에 쓴 글,
프랭크 비다트에게 주다]

패니의 요리책으로 공부한다고
미식* 요리사가 되지는 않을 거야—
음식과 가사에 관한 그녀의 생각은
레비스트로스의 생각과는 거의 다르니까.
그렇지만, 프랭크, 너는 여기서
기본적인 요소들**은 찾을 수 있을 거야.
그리고 만약 문제가 생긴다면
그러니까 수플레가 네 눈앞에서 무너지거나
쌀에 이상한 일이 생기면
—알지? 내가 조언을 얼마나 좋아하는지.

엘리자베스

  * 금지어.
 ** 금지 문구.

1971년 크리스마스에

P.S. 패니를 과소평가하면 안 돼.
　　그녀는 세련되어졌어.
　　96년도 판본 이후로
　　수많은 미식* 비법을 익혔거든.

1971년(호턴 bMS Am 2036). 『엘리자베스 비숍과 그의 예술』(1983, 로이드 슈워츠와 시빌 P. 에스테스 편저)로 출간, 그리고 『시 전집, 1927-1979』에 수록. 슈워츠가 비숍에게 이 글의 출간 허락을 구하자, 비숍은 "패니 파머에게 헌사를 쓰는 게 옳을 것 같지만, 그 이름은 괄호 안에 넣고 '프랭크 비다트에게 보내는 선물'이라고 제목을 붙이거나 워즈워스처럼 더 긴 제목—'패니 파머의 보스턴 요리 학교 요리책에 쓴 글, 프랭크 비다트에게 주다'—을 붙이면 어떨까?"라고 대답했다(엘리자베스 비숍이 로이드 슈워츠에게 보낸 편지, 1977년 8월 23일 추정, 로이드 슈워츠 개인 소장품).

[Draft 2]

~~VAGUE POEM/ VAGUE~~

~~VAGUE POEM/ VAGUELY LOVE POEM~~

~~VAGUE POEM (Vaguely Love Poem)~~

VAGUE POEM (Vaguely love poem)

The trip west -
- I think I dreamed that trip.
They talked a lot of "Rose Rocks"
or maybe "Rock Roses"
- I'm not sure now, but someone tried to get me some.
(And two or three students had.)

She said she had some at her house.
~~They were at the door, she said.~~   They were by the back door, she said.
- A ramshackle house,
An Army house ? - No, a Navy house? Yes,
~~for sai~~   that far inland.
~~But there was nothing but dirt~~.   There was nothing by the back door but dirt
or that same monochrome, (dry), sepia straw, I'd seen ~~somewhere~~.
Oh she said the dog has carried them off.
(A big black dog, female, was ~~something~~ around us.)
                dancing

Later, as we drank tea from mugs, she found one,
"a sort of one". "This one is just beginning. See -
you can see here, it's beginning to look like a rose.
It's - well, a crystal, crystals form-
I don't know any geology myself..."
(Nor Neither did I.)
Faintly, I could make out - perhaps - in the dull,
rose-red lump of soil, apparently) ?
a rose-like shape; faint glitters... Yes, perhaps
there was a ~~master~~ crystal at work inside.
                  great, powerful

I almost saw it: turning into a rose
without any of the intervening
roots, stem, buds, and so on; just
earth to rose and back again.

(Crystallography and its laws: badly
something I ~~wanted to study once until I learned~~   I once wanted to study,
that it would involve a lot of arithmetic, mathematics (that is, .)

Just now, when I saw you naked again,
I thought the same words: rose-rock; rock-rose...
Rose, trying, working, to show itself,
(unimaginable connections, unseen, shining edges,
forming, folding over,)
Rose-rock, unformed, flesh beginning, crystal by crystal,
to clear pink breasts and darker, crystalline nipples,
rose-rock, rose-quartz, roses, roses, roses,
extracting roses from the body,
and the even darker, accurate, rose of sex -

모호한 시(모호하게 사랑 시)

서쪽으로 가는 여행—
—그 여행은 꿈에서 한 것 같아.
다들 "장미바위"에 대해 많이 얘기했어.
어쩌면 "바위장미"였던가.
—지금은 잘 기억나지 않지만, 누군가 내게 그걸 주려고 했어.
(그리고 학생 두세 명이 그걸 가지고 있었지.)

여자가 자기 집에 그게 좀 있다고 했어.
뒷문 옆에 있다고 여자가 말했지.
—금방이라도 무너질 것 같은 집.
군용 집인가요?—아뇨, "해군 집"이요. 맞아요,
                    내륙 깊숙한 곳이죠.
뒷문 옆에는 흙 말곤 아무것도 없었다.
혹은 어디에나 보이는 단조로운 세피아색 지푸라기나.
오 여자가 말했다, 개가 물어 갔을 거라고.
(커다란 검은 개, 암컷이 우리 주위를 돌며 춤을 추고 있었다.)

나중에 우리가 머그잔으로 차를 마실 때, 여자가 하나를
    발견했다,
"한 가지 종류예요." "이제 막 피기 시작하네요. 보세요—
여기 보이죠? 장미처럼 보이기 시작합니다.
이건—뭐랄까, 결정이에요. 결정이 형성되죠—
전 지질학을 잘 모르지만요…"
(나도 몰랐다.)
희미하게나마 알아볼 수 있었나—아마도—어렴풋한,

장미처럼 붉은 덩어리가, 분명, 장미 같은 형상의
흙덩이가 희미하게 반짝이는 것을⋯   그래, 어쩌면
그 안에는 어떤 비밀스럽고 강력한 결정이 움직이고 있을지도
　　몰랐다.

나는 거의 보았다. 어떤 뿌리나
줄기, 꽃봉오리 등의
개입도 없이 장미로 변하는 것을,
그저 흙에서 장미로, 다시 흙으로 돌아가는 것을.
결정학과 그 법칙은
한때 내가 그토록 공부하고 싶었던 어떤 것,
하지만 수많은 산수, 다시 말해 수학도 배워야 한다는 걸 알고
　　접었지.

바로 지금, 당신의 벗은 몸을 다시 보았을 때,
나는 똑같은 단어들을 떠올렸어. 장미바위, 바위장미⋯
장미는 스스로 드러내고자 애쓰며,
상상할 수 없는 연결을, 보이지 않는 빛나는 가장자리를
형성하고 중첩시킨다.
아직 형성되지 않은 장미바위, 살이 차오르기 시작하고, 결정과
　　결정이 맞물리고,
뚜렷한 분홍빛 가슴과 더 짙은 결정 같은 유두와,
장미바위, 장미석영, 장미, 장미, 장미들을,
몸에서 뽑아내는 장미들을,
그리고 훨씬 더 진하면서 정확한 성의 장미를—

1973년경으로 추정(배서 67.23). 『에드거 앨런 포와 주크박스』에 수록.

Breakfast Song

My love, my saving grace,
your eyes are awfully blue.
I kiss your funny face,
your coffee flavoured mouth.
Last night I slept with you.
Today I love you so
how can I bear to go
(as soon I must, I know)
to bed with ugly death
in that cold, filthy place,
to sleep there without you,
without the ~~close, sweet breath~~   ~~steady breath~~ easy?
and nightlong, linblong warmth   peaceful breath?
I've grown accustomed to?
— Nobody wants to die;
tell me it is a lie!
But no, I know it's true.
It's just the common case;
there's nothing one can do.
My love, my saving grace,
your eyes are ~~truly~~ blue awfully
+ Instant and teeny blue   awfully?
(Early)

아침 식사 노래

내 사랑, 나를 구원하는 은총,
너의 눈은 몹시 푸르네.
너의 우스꽝스러운 얼굴과
커피 향 나는 입술에 입 맞춘다.
지난밤 나는 너와 함께 잠들었지.
오늘 나는 너를 너무 사랑하는데
어떻게 견딜 수 있을까?
(곧 그래야 한다는 걸 알지만)
그 차갑고 더러운 곳에서
추악한 죽음과 잠드는 일을,
이제는 익숙해져 버린
밤새도록 이어지는 팔다리의 온기 없이,
그 편안한 숨결 없이,
너 없이 거기서 자는 일을?
—죽고 싶은 사람이 어딨어?
거짓말이라고 말해줘!
하지만, 아니 그건 진실이지.
흔하디흔한 일이랄까.
누구도 어쩔 도리가 없지.
내 사랑, 나를 구원하는 은총,
너의 눈은 몹시 푸르네.
이른 아침, 순간의 푸름이네.

1973-1974년경. 로이드 슈워츠 개인 소장품. 『에드거 앨런 포와 주크박스』에 수록. 친필 원고는 1974년 1월 3일 무렵 비숍의 공책에서 복사한 것으로 로이드 슈워츠가 소장하고 있다. 공책은 전해지지 않지만, "천진난만한 아침 노래"라는 제목이 붙었고 단 두 줄로 이루어진—"내 사랑, 나를 구원하는 은총, / 너의 눈은 참 푸르네"—타자본 초고가 비숍의 문서에 남아 있다(배서 64.24).

FOR GRANDFATHER

How far north are you by now?
—But I'm almost close enough to see you.
Under the North Star,
stocky, broadbacked & determined,
trudging on splaying snowshoes
over the snow's hard, brilliant, curdled crust...
Aurora Borealis burns in silence.
Streamers of red, of purple,
make flecks of color your bald head.
Where is your sealskin cap with ear-lugs?
That old fur coat with the black frogs?
You'll catch your death again.

If I should overtake you, and kiss your cheek,
and kiss your cheek,
its silver stubble would feel like hoar-frost
and your old-fashioned, walrus moustaches
be hung with tiny icicles.

Creak, creak... frozen thongs and creaking snow.
I think these drifts are endless; as far as the Pole
they hold no shadows but their own, and ours.
Almost Grandpa, stop! I haven't been this cold in years.
Grandfather, please.

[Draft 4]

할아버지에게

지금쯤 얼마나 북쪽으로 가셨나요?
―하지만 저는 당신이 거의 보일 만큼 가까이 있습니다.
북극성 아래,
다부지고 넓은 등에 단호한 당신이
단단하고 눈부시며 엉겨 붙은 눈밭 위를
눈신발로 터벅터벅 걸어가네요…
북극의 오로라가 고요 속에 타오릅니다.
빨강과 보라의 줄무늬가
당신의 대머리에 색깔을 흩뿌려요.
귀를 덮는 물개 가죽 모자는 어디에 있죠?
검은 매듭단추 달린 오래된 모피 코트는요?
그러다 또 죽음에 걸리시면 어쩌려고요.

제가 당신을 따라잡아 그 뺨에 입 맞춘다면,
은색 턱수염은 서릿발처럼 차가울 테고
바다코끼리 같은 옛날풍 콧수염엔
고드름이 맺혀 있겠죠.

뽀드득, 뽀드득… 얼어붙은 가죽끈과 뽀드득 눈 소리.
이 눈 더미는 끝이 없네요. 북극까지 뻗어 있지 않을까요?
그곳엔 눈과 우리의 그림자 말곤 어떤 그림자도 없겠죠.
할아버지, 제발 멈춰요! 한동안 이렇게 추웠던 적이 없다고요.

1970년대 중반으로 추정(배서 63.19). 『에드거 앨런 포와 주크박스』에 수록.

SALEM WILLOWS

Oh, Salem Willows,
where I rode a golden lion
around and around and around,
king of the carrousel
and the other golden creatures,
around and around and around,
sumptuously, slowly,
to the loud, dogmatic music
of the gold calliope.

Round went the golden camel
and the high gold elephant
with his small red velvet rug,
around and around and around;
the staid, two-seated chariot,
gold horses and gold tigers,
but I preferred the lion.
and mounted him astride.

There was a flimsy rein.
His gold mane was abundant.
His mouth was open; his tongue
enameled red; his eyes
brown glass with golden sparkles.
We'd lifted his right forepaw
but the others wouldn't budge.

At the center, statues stood
around the calliope;
front halves of plaster people.
From time to time, to the music,
they'd raise a flute, but never
quite to their lips; they'd almost
beat their drums; they'd not quite
pluck their upheld lyres.
It was as if that music,
mechanical,
discouraged them from trying.

Around and around and around.
Had we all been touched by Midas?
Were we a ring of Saturn,
dizzy,   nimbus?
Or were we one of the crowns
the saints "cast down" (but why?)
"upon the glassy sea"?
The carrousel slowed down.
Really, beyond the willows,
glittered a glassy sea
and Aunt Maud sat and knitted
and knitted, waiting for me.

세일럼 버드나무 공원

오, 세일럼 버드나무 공원,
그곳에서 나는 금빛 사자를 타고
빙글빙글 돌고 또 돌았지,
회전목마의 왕과
다른 금빛 동물들을 타고
빙글빙글 빙글빙글,
황금 칼리오페의
조악한 기계 음악에 맞춰
화려하고, 느리게!

금빛 낙타와 우뚝한
금빛 코끼리가 조그만 붉은 융단을 깔고
빙글빙글 빙글빙글,
근엄한 2인용 전차와
금빛 말과 금빛 사자도
돌고 또 돌았지.
나는 사자가 더 좋아서　　　　[하지만 그 모든 것들 중에서도]
그 위에 올라탔지.

금빛 갈기는 풍성하고　　　　　[나무 갈기는 금빛이었고]
입은 벌렸지. 혀는
에나멜처럼 붉었고, 그 눈은
갈색 유리에 금색 반짝임이 섞였지.
오른쪽 앞발은 들려 있었지만

다른 발은 꿈쩍도 하지 않았지.

               [<?]

한가운데,   [인물상이 있었지
앞면 중간에는 석고 조각상이 있었지.   한가운데에—]

조각상은 이따금 음악에 맞춰
플루트를 들어 올렸지만, 결코
입술에 닿지 않았고, 거의 북을
칠 뻔했지만, 들고 있는 리라 줄을
뜯지는 않았지.
마치 그 기계적이고
     요란한 음악이   [(엄격하고 &)]
뭐라도 할 수 없게 억누르는 것처럼. [조악하고, 기계적인,
                요란한—]

빙글빙글 빙글빙글,   [기계적이고, 요란한—]
우리 모두 미다스의 손에 닿았던 걸까?
우리는 토성의 고리,
어지러운   빛 구름이었을까?   [돌아가는?]
혹 우리는 성인들이
"유리 같은 바다에" "던져버린" (그런데 왜 그랬을까?)
왕관 중 하나였을까?
회전목마가 천천히 멈추었지.
그러자 정말로 버드나무숲 너머로
유리 같은 바다가 반짝였고
모드 이모가 앉아서 뜨개질을
하고 또 하며 나를 기다렸지.

1970년대(배서 67.7). 『에드거 앨런 포와 주크박스』에 수록.

FLORIDA REVISITED

At first I took it for a bird
lying at the water's edge,
wreathed in a little tan-colored foam
by the ~~long gone tide~~   *tan- ebbing tide —*
                              ebbing tide ~~they all~~
- a dead black bird. No. The breast of one?
No. Then it must be a single wing,
coal-black, ~~glistening~~ blue-and-black   *shining gleaming*
like coal, with each wet feather ~~quite~~ distinct: *glinting*
scapulars, secondaries and primaries,
soaked and separate, catching light.

I picked it up. It wasn't a bird.
A bird, or its heart, or a wing, *much*
would have been light; ~~but~~ this was lighter.
(~~that~~ sensation like stepping down
when there is no step.)
It was only a fragment of charred wood,
feather-light, feather-marked, *almost dry,*
- not a bird at all.

The sun, in "winter quarters"
was dropping into the Gulf

And, Incredibly,
a man ~~sitting~~ on the beach,
~~was~~ making a *movie* of it.
The sun seemed to be setting to oblige him.
His camera ~~gives~~ a tiny click-click-click
-click. The ~~sun went a little lower.~~ sun   *hopeful — the sun*
Did he think it was the last one in the world?

~~Did he think he had to record it~~
~~as the last one in the world?~~

        elaborating
      ↑ *improving*

        bigly —

Was it the last one in the world
that he thought he had to record it?

플로리다를 다시 찾아가다

처음에는 새인 줄 알았다.
조수 때문에   [조수]   [빠져나가는 물—]
작은 황갈색 거품을 두르고
물가에 누운 새.
—죽은 검은 새. 아니다. 새의 가슴인가?
아니다. 그렇다면 한쪽 날개가 틀림없다.
석탄빛으로 검은 석탄처럼 반짝이는
검푸른색, 젖은 깃털 하나하나가 뚜렷하게 구별되고,
어깨깃, 두 번째 깃, 첫 번째 깃이,
흠뻑 젖어 따로 떨어진 채 빛을 받아 반짝이는.

나는 그것을 집어 들었다. 그것은 새가 아니었다.
새 아니면 새의 심장이나 날개였어도
가벼웠을 테지만 이것은 훨씬 더 가벼웠다.
(그 느낌은—마치 계단 없는 계단을
걸어 내려가는 것 같았다.)
그것은 불에 탄 나무조각이었다.
깃털처럼 가볍고, 깃털 자국이 있고, 거의 마른,
—전혀 새가 아니었다.

"겨울 사분기"의 태양이
만을 향해 떨어지고 있었다.

그리고 믿을 수 없게도
한 남자가 해변에 서서

그것을 영화로 찍고 있었다.
태양은 그의 뜻대로 저무는 것처럼 보였다.
그의 카메라가 소리를 냈다. 찰칵-찰칵-찰칵
-찰칵. ~~태양이 조금 더 내려갔다.~~ 태양이 내려갔다.　　[한 번에
　　　　　　　　　　　　　　　　　　　　　　완벽하게—태양은]
그는 이 세계의 마지막 일몰이라 생각했을까?

　　　　[공들여]
　　　　[점점 좋아지게]
　　　　　[드러내 보이고—]

　[그는 이 세계의 마지막 일몰이라 생각해
　그것을 기록해야겠다 생각했을까?]

1976년경(배서 64.24). 이전 초고가 『에드거 앨런 포와 주크박스』에 수록.

옮긴이의 말

시로 그린 지도, 지도에 심은 원형-꿈의-집들

가스통 바슐라르는 『공간의 시학』(곽광수 옮김, 동문선, 2023)에서 "집이란 세계 안의 우리들의 구석"이고 "최초의 세계"이자 "하나의 우주"라고 말했다. 엘리자베스 비숍에게 최초의 세계이자 하나의 우주는 어머니의 비명으로 찢어졌다.

> 비명이, 비명의 메아리가 그 노바스코샤 마을 위에 걸려 있다. 아무도 듣지 못하지만 그 소리는 영원히 거기 걸려 있다. 여행자들이 스위스의 하늘과 비교하는 그 쨍하게 푸른 하늘에, 너무 시퍼러서 지평선 주위 혹은 눈가 주변이 조금 더 짙어 보이는 하늘에, 느릅나무 위로 구름처럼 피어난 꽃의 색깔, 귀리밭 위 솟아난 제비꽃의 색깔처럼 하늘 위만이 아니라 숲과 물 위에서도 점점 어두워지는 그런 색깔 하늘에 비명이 희미한 얼룩처럼 걸려 있다. 비명은 그렇게 걸려 있다. 들리지 않는 채, 기억 속에, 과거에도, 현재에도, 그 사이 세월 속에도. 처음에는 그렇게 큰 소리가 아니었을 것이다. 그냥 거기 자리 잡고 영원히 머물렀을 뿐. 크게 울리지 않고 영원히 살아있을 뿐이었다. 비명의 높이는 내 마을의 높이일 것이다. 교회 첨탑 꼭대기 피뢰침을 손톱으로 툭 튕기면 그 소리가 들릴 것이다.
>
> —「마을에서(In the Village)」

비숍은 생후 8개월에 아버지를 잃었다. 어머니는 그 죽음을 이기지 못하고 정신이상 증세를 보이다가 비숍이 다섯 살 때 정신병원으로 보내졌다. 이후 비숍은 1943년 대학을 졸업하던 해 어머니가 세상을 떠날 때까지 다시는 어머니를 보지 못했다. 비숍이 처음으로 발표한 자전적 단편소설 「마을에서」(1953)는 아버지의 죽음 이후 내내 검은 상복을 입고 지내던 어머니가 노바스코샤의 친정으로 돌아와 새 드레스를 맞추는 장면으로 시작한다. 너무 오랫동안 색깔 있는 옷을 입지 않았던 그녀는 마을 재단사 앞에서 보라색 드레스를 맞추며 이 색이 자신에게 어울릴까 주저한다. 보라색 천은 보스턴에 사는 시어머니가 보낸 것이다. 어린 비숍이 아버지, 어머니와 함께 살았던 보스턴에서 지난 시절의 물건들이 속속 당도한다. 그 가운데에는 주로 검은색 아니면 흰색인 옷과 모자가 많다. 할머니가 검은 옷을 들어 보이며 딸이 첫 번째 겨울에 입었던 '상복 코트(mourning coat)'라고 말했을 때 어린 비숍은 '아침 코트(morning coat)'로 알아듣는다. 이렇게 어린 시인의 뇌리에 애도와 아침은 구분할 수 없이 뒤섞인다. 마치 검은색에서 보라색으로 삶의 빛깔을 바꿔보고자 친정 노바스코샤로 돌아온 어머니가 끝내 슬픔을 이기지 못하고 쨍하니 푸른 마을 하늘에 비명을 걸어둔 채 정신병원으로 영영 사라지고 말았듯이.

    노바스코샤의 생활은 그리 오래가지 못했다. 여섯 살 비숍은 상대적으로 부유했던 친가 쪽 조부모와 함께 살기 위해 매사추세츠의 우스터로 보내진다. 시인은 이 사건을 "유괴"라고 표현할 정도로 그곳에서의 9개월을 공포와 불행으로 기억한다. 이듬해 봄 비숍은 다시 보스턴의 이모 집으로 옮겨 가 살았고 배서칼리지를 졸업한 후에는 뉴욕에 살면서 유럽과 북아프리카 등지를 여행했다. 그러다 1937년 겨울, 대학 시절 친구와 함께 플로리다로 낚시 여행을 갔다가 키웨스트라는 곳에 매료되어 9년 동안 그곳을 거처로 삼았다. 미국 최남단에 있는 키웨스트의 집은 시인의 가장 사랑받는 시 중 하나인

「한 가지 기술」에서 말한 "사랑했던 세 집" 중 첫 번째 집이다.

    키웨스트 생활은 뜻밖에도 제2차 세계대전의 여파로 끝이 난다. 전쟁 후 플로리다의 분위기가 예전 같지 않자 시인은 뉴욕으로 돌아오지만, 국회도서관에서 얻은 일자리도 집필도 마음먹은 대로 풀리지 않자 결국 '미친 여행'을 떠나 세상을 둘러보자는 생각으로 1951년 화물선에 몸을 싣는다. 그러다가 첫 번째 기착지인 브라질에서 알레르기 쇼크를 일으킨 것을 계기로 브라질의 건축가 로타 지 마세두 소아리스와 사랑에 빠지면서 "사랑했던 세 집" 중 두 번째 집이었던 사맘바이아에서의 생활을 시작한다. 비숍은 잠시 스쳐 가려고 했던 브라질에 17년을 머물면서 일생일대의 사랑을 하고, 훗날 가장 찬사받을 시들을 연달아 집필하고, 포르투갈어를 익혀 브라질 문학작품을 영어로 번역해 소개하는 등 이전과는 다른 생산력을 보여준다. 정확성과 절제를 시의 미덕으로 삼았던 시인이 어린 시절의 불행과 상처를 작품에 드러내기 시작하고, 여성을 사랑하는 마음을 간접적으로나마 드러내기 시작한 것도 브라질에 살던 때다. 실제로 첫 시집 발표 이후 거의 10년 만인 1955년에 출간한 두 번째 시집 『어느 차가운 봄』의 시들은 브라질에서 썼지만 브라질 이전 시기를 적극적으로 다룬다. 시인의 은근하면서도 커다란 변화를 보여주듯, 두 번째 시집에는 로타에게 바친 사랑 시 「샴푸」가 사랑의 암호이자 시인의 인장처럼 맨 마지막에 배치되어 있다. 브라질 생활을 전면에 드러내면서 크게 확장된 시선과 세계를 보여준 세 번째 시집 『여행의 질문들』(1965)은 연인 로타에게 헌정되었다.

    뒤집힌 세상에서는
    왼쪽이 항상 오른쪽이고,
    그림자가 진짜 몸이며,

우리는 밤새 깨어 있고,
하늘은 지금 바다 깊이만큼 얕으며,
당신은 나를 사랑한다.

—「불면증」, 『어느 차가운 봄』

사랑이라는 감정을 역설적으로, 그러나 제법 짙게 내세운 이 시가 비숍의 스승이자 어머니와도 같았던 메리앤 무어에게 외면당한 이야기는 많은 것을 시사한다. 절제와 지성, 정확성을 중시하며 당대 제일의 여성 시인으로 평가받던 무어에게, 이 시의 어조는 평소 무어가 비숍에게 기대했던 바와는 거리가 멀었나 보다. 그러나 "사랑했던 세 집" 중 세 번째 집을 무어의 이름을 따 "마리아나의 집"으로 명명할 정도로 무어를 존경하고 사랑했던 비숍은 이 시를 고치지 않고 그대로 세 번째 시집에 수록하고 마는 고집으로 맞섰다. 로타에게 바친 「샴푸」는 『뉴요커』에 게재를 거절당하고도 당당히 시집의 마지막을 장식했다. (이 시의 처음 제목은 "그대 검은 머리칼에 찬란한 대형으로 떨어지는 별똥별"이라는 구절에서 알 수 있듯이 로타의 반백 머리를 뜻하는 'Grey Hair'였다).

> 사랑을 실행에 옮긴다는 것은 무슨 의미일까? 특히 사랑의 필요성을 입증해 주지 않는 세계에 고립된 상태에서?
> 스스로 국외자임을 아는 것, 옛날 말로 '내향적인' 사람임을 아는 것, 그리고 두 세계에서 살며 사랑하려고 노력하는 것은 불가능한 안전한 장소,「천장에서 잠들기」나「불면증」에서처럼 거꾸로 뒤집힌 공원과 분수를 꿈꾸는 것과 같다.*

---

* 에이드리언 리치,「외부자의 시선: 엘리자베스 비숍 시 전집, 1927-1979」, 『우리 죽은 자들이 깨어날 때』, 이주혜 옮김, 바다출판사, 2020.

시인이 세상을 떠난 뒤 '비숍 현상'이라는 말이 생겨날 정도로 시인에 관한 관심이 폭발적으로 증가하며 다양한 각도에서 비평이 시작되었다. 평생 수줍음과 절제, 과작의 작가로 평가받은 시인이 친구들과 주고받았던 방대한 양의 편지와 미발표 원고들이 발견되면서 그의 사생활과 성정체성에 관한 관심 역시 커졌다. 더불어 당대 비평의 패러다임 자체가 변화하면서 에이드리언 리치처럼 비숍을 "남성 시인의 정전에서 인정받은 소수의 '예외적인' 여성으로서만이 아니라, 여성이자 레즈비언 전통의 일환으로도 읽을 수 있게 되었다." 리치는 비숍의 시에 드러나는 국외자로서의 면모를 시인의 성정체성과 연관시켜, 흔히 단독자로서 세계를 관찰, 숙고, 음미하며 '여성적' 글쓰기를 지향했다고 평가되는 비숍을, 아름답고 감각적인 시를 통해 평생 경계성과 권력의 유무에 대해 비평적이고 의식적으로 탐색하고자 노력한 적극적 아웃사이더로 재위치시켰다.

실제로 리치가 말한 "두 세계에서 살며 사랑하려고 노력하는" 혹은 "불가능한 안전한 장소를 꿈꾸는" 모습은 비숍의 시 곳곳에서 드러난다. 그 '장소' 찾기는 종종 '집'을 갈망하는 시인의 태도로 치환되기도 한다. 지리학자 이-푸 투안의 『공간과 장소』(윤영호·김미선 옮김, 사이, 2020)에 나오는 구절, "공간에 우리의 경험과 삶, 애착이 녹아들 때 그곳은 장소가 된다"를 빌려 오지 않더라도 비숍이 평생 갈망해 온 집이 그저 설계도에 구획된 공간이 아니라 애착이 깃든 장소였다는 사실을 충분히 짐작할 수 있다. 그러나 시인이 꿈꾸었던 집은 늘 경계에 있고 시인 혹은 시적 화자는 그 장소에 깊게 깃들지 못한다. 노바스코샤의 외가를 배경으로 한 시 「세스티나」에서 어린 화자는 눈물을 감추는 할머니 곁에서 크레용으로 "견고한 집"을 그려 보여준다. 아버지를 잃고 어머니의 마음마저 떠나버린 보스턴의 옛집을 떠나 외가로 피신을 온 아이는 종이 위에나마 "견고한" 집을

그려보지만, 할머니가 한눈을 파는 사이 "아무도 모르게" "작은
달들이 눈물처럼" 아이가 그려놓은 집 앞 꽃밭에 떨어진다.
아이의 집은 언제든지 눈물을 감춰야 하고 눈물이 떨어져
심기는 그런 장소다. 그런 의미에서 아이의 집은 사실 조금도
견고하지 않다. 시의 마지막 행에서 아이는 "수수께끼 같은
집을 하나 더 그린다."

 노바스코샤의 집은 「노바스코샤의 첫 죽음」에 또 한 번
등장한다. 이 시에는 아직 정신병원으로 떠나지 않은 어머니도
등장한다.

 "이리 오렴." 어머니가 말했다.
 "와서 네 작은 사촌 아서에게
  작별 인사를 하려무나."

 (중략)

 아서는 아주 작았다.
 아직 색칠하지 않은
 인형처럼, 온통 희었다.

이렇듯 노바스코샤의 집은 언제나 죽음과 이별과 상실의
흰색으로 점철되어 있어서 애틋한 첫 집의 그림자는 될지언정
진정한 '꿈의 원형 집'은 되지 못한다. 그 집의 색은 언제나
크레용으로 그린 그림이나 왕실 인물들의 초상화에나 등장한다.
색이 없는 집은 당연히 꿈의 집이 될 수 없다.

 시인이 비로소 애착을 가지고 가장 오래 살았던 집은
로타와 함께 한 브라질 사맘바이아의 집일 텐데, 이 집이 가장
적극적으로 등장하는 시가 「우기의 노래」다. 건축가였던
로타가 비숍을 위해 지은 궁극의 아름다운 집필 공간은 브루누
바헤투 감독의 영화 〈엘리자베스 비숍의 연인(Reaching for the

Moon)〉(2013)에 비교적 충실하게 재현되어 있다.
사맘바이아의 집에 이르러 시인의 집에도 비로소 색채가
입혀진다.

>감춰진, 오 짙은 안개에
>감춰진
>우리가 사는 집.
>자석 바위 아래
>비가—무지개가 가득한 곳,
>피처럼 검붉은
>브로멜리아, 이끼,
>올빼미, 그리고 폭포수의
>보푸라기가 불청객처럼
>익숙하게 매달린 곳.
>
>(중략)
>
>기뻐하라! 다음 시대는
>달라질 것이다.

시 전문을 읽어보면 그리 낙관적이고 희망찬 시는 아니다.
시인이 말하는 '달라짐'은 곧 죽음이나 두려움을 의미하고,
아름다운 자연도 언젠가는 사라지거나 시들고 말 것이라는
예언으로 끝난다. 그러나 시인이 강조한 것은 희망이나
낙관이 아니라 달라짐 자체이고 그 달라짐에 마땅히
기뻐하고자 한다. 조금 더 억지를 부려보자면, 시에 색채가
돌아왔다는 사실 하나만으로 이 시를 조금 더 낙관의
방향으로 읽을 여지가 있을 것이다.

그런데 이토록 애착의 장소, 집을 찾아 평생을 헤맸던
시인이 결국 사맘바이아의 집에서도 만족하지 못하고 세 번째

집이었던 "마리아나의 집"을 거쳐 다시 미국 보스턴으로
돌아온 이유는 무엇일까? 로타와의 불화나 브라질의 정치적
급변 등을 이유로 들 수도 있겠지만, 사실 근원적인 질문은
독자보다 시인이 먼저 던졌다.

그 침묵 속에서 여행자는 공책을 꺼내 쓴다.

"우리가 그냥 집에 머물지 않고 상상의 장소로
떠나는 것은 상상력이 부족해서일까?
아니면 방 안에 그저 조용히 앉아 있어야 한다고 한
파스칼의 생각이 항상 옳은 것이 아닌 걸까?

대륙, 도시, 나라, 사회:
선택의 폭은 절대 넓지도 자유롭지도 않다.
그리고 여기든 혹은 저기든… 아니, 그냥 집에 있어야
　　했나?
그 집이 어디든 간에?"

　　　　　　　　　　　　　　－「여행의 질문들」, 『여행의 질문들』

시인은 역설적인 질문을 통해 자신이 끝없이 여행을 떠나는
이유는 상상력이 부족해서가 아니라 오히려 원형의 집을
꿈꾸고 찾아내기 위한 지극한 상상력 때문이라고 항변하는
듯하다. 그 여정이 어떤 불가능성을 내포하고 있을지라도
끝내 포기하지 않겠다는 다짐마저 엿보인다. 이 불가능성을
향한 도전은 시인의 다른 시 「강사람」에 실로 아름답고
신비로운 이야기의 옷을 입고 등장한다. 브라질에 머물렀던
시기에 집필했던 시를 모아 브라질 생활을 청산하기 직전
출간한 『여행의 질문들』은 마치 연대기처럼 「상투스에
도착」이라는 시로 시작하는데, 언제나 국외자로 경계에
머물렀던 시인이 이번에는 낯선 곳에나마 더 깊숙이 시선을

던지겠다는 포부를 밝히듯 "우리는 내륙으로 질주한다"라는
문장으로 끝을 맺는다. 내면 혹은 내부로도 해석할 수 있는
안쪽(interior)에서 시인은 브라질의 사람들, 문화, 계급, 정치를
목도하고 시에 적극적으로 맞아들이는데, 이런 노력이
「강사람」에서 아름답게 폭발한다. 시는 아마존의 외딴 마을에
사는 한 남자가 물의 정령 사카카와 함께하는 주술사가 되기로
결심하고 강돌고래를 따라 물속에 들어가는 이야기다. 비숍의
시 중 가장 서사가 뚜렷한 시로 볼 수도 있을 이야기 속에서
남자는 강의 정령 루안지냐에게서 주술사가 되기 위한 과제를
부여받는다.

> 나는 아무도 본 적 없는
> 순결한 거울이 필요하다.
> 누구도 비춰본 적 없는 거울로
> 영혼의 눈을 비추어
> 내가 그들을 알아볼 수 있어야 한다.
> 가게 주인이 내게
> 작은 거울 상자를 권했지만,
> 내가 집어 들 때마다
> 이웃이 어깨 너머로 훔쳐보는 바람에
> 즉시 일을 망쳐버렸다―
> 거울은 망가졌고, 그저
> 여자애들이 입안을 들여다보거나
> 치아와 미소를 확인하는 일 말곤 쓸모가 없었다.

"아무도 본 적 없는 순결한 거울"의 원어는 virgin mirror다.
그러나 시에서도 말하듯이 아무도 본 적 없는 거울은 존재하지
않는다. 어깨 너머로 훔쳐보는 이웃이 없을지라도 일단 '나'가
거울을 보는 순간 거울의 '순결함'은 사라진다. 루안지냐가
남자에게 부여한 과제는 사실상 불가능하다. 하지만 남자라고

옮긴이의 말

(혹은 비숍이라고) 그 근원적 불가능성을 짐작하지 못했을까?
과제가 불가능함을 알면서도 떠나는 것은 상상력의 부족 탓이
아니라 오히려 불가능성을 향한 갈망과 도전이야말로 진정한
의미가 있다는 것을 아는 사람의 지극한 상상력 덕분이
아닐까?

겨우내 비숍의 시를 읽고 우리말로 옮기는 내내 시인을 끝없는
여행에 나서게 한 진정한 추동력이 무엇이었을까 생각했다.
흔히 비숍을 '상실의 시인'이라고 부르는 것에서 알 수 있듯이
시인을 시 쪽으로 이끈 것은 이른 나이부터 연달아 겪어야
했던 상실이었을지도 모른다. 아버지, 어머니, 노바스코샤의
외가, 대학 시절 미완 상태로 숨겨야 했던 동성 친구를 향한
사랑, 오래 헤맨 끝에 찾은 연인 로타와의 폭력적인 이별,
브라질에 어렵게 마련한 사랑했던 집들, 말년에 만난 어린
연인이자 보호자였던 앨리스 메스페슬과의 잠정적 이별 등
비숍을 통과한 상실은 헤아릴 수 없이 많다. 이런 상실이
시를 쓰게 했다면 시가 상실을 조금이나마 어루만져 주었길
바라며 한 글자 한 글자 조심스럽게 옮겼다. 그렇게 작업이
끝났다고 믿고 번역 원고를 보냈을 때 출판사로부터 뜻밖의
연락이 왔다. 내가 작업한 시집과 출판사가 에이전시와
계약한 시집이 다르다는 말이었다. 내가 원본으로 삼은 책은
비숍이 세상을 떠나고 얼마 뒤 출간된 『시 전집, 1927-
1979』(1983)였고, 작업해야 했던 책은 비숍 탄생 100주년을
기념해 출간한 『시(Poems)』(2011)였다. 문제는 새로
출간된 시집에 첫 전집에는 수록되지 않았던 미발표 시들과
사후에 발견된 친필 원고들이 다수 실려 있다는 사실이었다.
당황스러움과 다급한 마음을 누르며 처음 만난 시들을
다시 읽고 옮기기 시작했다. 이 책의 뒷부분에 부록으로 실려
있는 '미출간 친필 원고 시들'은 비숍이 '최고의 작품을
완성했다'라고 느끼지 못했거나 '다른 이유로 완성이나 출간을

하지 않은' 시들이지만, 1983년부터 2006년까지 무수한 연구자들의 노력 끝에 '의문의 여지가 없이 문학적으로 흥미로운 작품들'이라는 평가를 받으며 2006년 『에드거 앨런 포와 주크박스』라는 시집으로 묶였다. 부록의 친필 원고를 보면 단어 하나, 표현 하나를 두고 고심에 고심을 거듭한 시인의 지극한 태도까지 함께 엿볼 수 있다. 번역이 막힐 때면 알아보기 힘든 시인의 필체와 무수히 그은 취소선들을 골똘히 들여다보며 뜻밖의 위안을 얻기도 했다. 그리고 마침내 한 시에서 작업 내내 자문했던 비숍 시의 추동력의 또 한 면모를 발견하고 조용히 눈물을 흘린 순간이 있었음을 부끄럽게 고백한다. 그 시의 제목은 「주정뱅이」이고, "내 나이 세 살에, 세일럼 화재를 목격했다"라는 문장으로 시작한다. 요람에 서서 타오르는 불을 지켜보던 어린 화자는 두려움이 아닌 경이로움을 느끼며 불을 바라본다. 그러다 몹시 목이 말라진 화자는 엄마를 불러보는데, 화재를 피해 탈출한 사람들을 보살피느라 엄마는 '나'를 신경 쓰지 않는다. 그렇게 긴 갈증의 밤을 보내고 아침이 왔고, 해변은 숯과 재로 가득하다. '나'는 해변을 걷다가 길쭉한 여성용 검정색 면 스타킹을 호기심으로 주워 드는데, 이 모습을 본 엄마가 날카롭게 소리친다. 당장 내려놔! 그 뒤에 이어지는 구절을 읽으며 나는 시인을 시의 방향으로 이끈 힘은 상실뿐만이 아니라 어쩌면 근원적인 갈증이었을지도 모른다고 짐작했다가 돌연 가슴이 빠개지는 아픔을 느꼈는데, 이런 나의 감정 작용을 구구절절 늘어놓는 추태를 막기 위해서라도 이 글의 끝은 시구의 인용으로 대신하고자 한다.

하지만 그날, 그 꾸지람 이후로
그날 밤 그날 그 꾸지람 이후로—
나는 비정상적인 갈증에 시달려 왔다—
맹세코 정말이다—그리고 내 나이

옮긴이의 말

스물인가 스물하나부터 나는 술을
마시고 또 마시기 시작했다—나는 아무리 마셔도
충분하지 않았고, 당신도 분명 알아챘겠지만,
지금도 반쯤 취해 있다…

그리고 내가 지금 하는 말은 전부 거짓말일지도 모른다…

지은이   엘리자베스 비숍(Elizabeth Bishop)

1911년 매사추세츠주 우스터에서 태어나 1934년 배서칼리지를 졸업했다.
성인이 된 후 파리, 멕시코, 뉴욕, 플로리다 등 여러 곳을 여행하며
살았고 브라질에서 10년 넘게 머문 뒤 미국으로 돌아왔다. 귀국 직후
독창적인 명료함, 정밀함, 깊이를 담은 작품으로 높이 평가받았고,
퓰리처상, 전미도서상, 전미도서비평가협회상 등 여러 문학상을 받았다.
미국 현대 시의 대표적인 목소리로 자리매김한 그는 1979년 보스턴에서
세상을 떠났다.

옮긴이   이주혜

읽고 쓰고 옮긴다. 쓴 책으로 『자두』, 『그 고양이의 이름은 길다』,
『계절은 짧고 기억은 영영』 등이 있고, 옮긴 책으로 『우리 죽은 자들이
깨어날 때』, 『동등한 우리』, 『멀리 오래 보기』, 『못해, 그리고
안 할 거야』 등이 있다.

우리는 내륙으로 질주한다

초판 1쇄 발행 2025년 8월 18일

지은이 엘리자베스 비숍
옮긴이 이주혜

발행인 박지홍
편집장 강소영
편집 강소영, 이승학
디자인 전용완

발행처 봄날의책
등록 제311-2012-000076호(2012년 12월 26일)
주소 서울 종로구 창덕궁4길 4-1, 401호
전화 070-4090-2193
메일 springdaysbook@gmail.com
인스타그램 instagram.com/springdaysbook

제작 세걸음

ISBN 979-11-92884-46-2 03840